AF491312

Avenir incertain dont
le pire je fuis

Avenir incertain dont le pire je fuis

Ce que m'inspirent les événements récents du Gabon depuis août 2016

Par Brice Levy Koumba Lamby

Introduction

Les habitants originaires d'un pays ont-ils des aspirations vis-à-vis de celui-ci ? Ou ne devraient-ils pas en avoir du tout ? Le sentiment qui vient lorsque nous observons les peuples s'exprimer et envisager le type de vie qu'ils souhaitent pour leur épanouissement, c'est le sentiment de perplexité. Une perplexité qui se justifie devant une sorte d'incompréhension qui pousse à penser. Cette incompréhension vient du constat que les peuples sont malmenés parce qu'ils veulent vivre la vie de leur choix. Cet étonnement est d'autant plus grand qu'ils le sont par les personnes qui sont censés les représenter et les conduire vers l'épanouissement. Les peuples ont désormais pour ennemi leur propre chef d'État qui n'a plus qu'un seul programme de gouvernance : le maintien au pouvoir et ce par tous les moyens y compris les plus inhumains. Lorsque nous nous intéressons à l'actualité du Gabon de ces dernières années, nous sommes habités de la même perplexité. Au point où nous en arrivons à rapprocher le gouvernement gabonais de la mécanique quantique. Si nous pensons l'avoir compris c'est que nous ne l'avons pas compris. Il y a cette impression que le peuple gabonais et le gouvernement gabonais sont deux droites parallèles. Le gouvernement gabonais donnant l'impression d'être sourd aux *desiderata* de son peuple comme s'il n'existait que pour lui-même.

Et pourtant en chacun sourd une image du Gabon, un Gabon tel que nous le voulons. Les textes qui suivent sont une réflexion inspirée par l'actualité du Gabon de ces dernières années. Ils montrent le Gabon que nous ne voulons pas et laissent entrevoir la possibilité d'un Gabon autre, meilleur, soucieux de la dignité humaine et de l'épanouissement de tous. Ils poussent au questionnement et posent : que voulons-nous faire du Gabon et pourquoi sommes-nous ensemble dans ce Gabon-là ? Les textes qui suivent ont pour vocation d'enflammer les cerveaux, de transmettre à chacun la réflexion sur ce que nous voulons faire ensemble de notre pays : le détruire ou le construire. Le Gabon que nous voulons réalise pleinement la restauration de la dignité humaine et la félicité de tous. Ce Gabon existe. C'est celui que nous voulons. Parce que l'avenir est incertain et que le pire menace, ces lignes disposent les cœurs à l'évitement du désastre.

1. Un président de la République n'est qu'un homme sujet du peuple à qui ce dernier a doté de beaucoup de pouvoir afin de le conduire avec autorité dans le strict respect de ses droits et de ses libertés. Mais surtout pour le rendre heureux. Il n'est pas dit qu'un homme seul est président seul, tout le temps et pour toujours que ce soit à travers lui-même ou à travers ses avatars familiaux.

2. En bloquant l'alternance politique au sommet, en vidant la cohabitation de sa substance, en

régulant les litiges politiques en faveur de la configuration exécutive actuelle et en assurant les conditions de sa défense par une loyauté religieuse, le projet de révision constitutionnelle suscite plus d'inquiétudes qu'il ne rassure.

3. La promotion des valeurs et des valeurs démocratiques amènera certainement l'équilibre et la paix sociale. Ce qui correspond à une identité de la légalité et de la légitimité. Passer de la résistance entre légalité et légitimité et parvenir à la correspondance du vote et de l'élu, à l'adéquation de la légalité et de la légitimité.

4. Jusqu'où peut-on faire confiance en la Cour constitutionnelle ? Ne fait-elle pas acte de trahison de la constitution ?

5. À quoi peut servir à un État de tuer son peuple alors que sa raison d'être est de le protéger et de créer l'épanouissement de tous selon la logique du contrat social c'est-à-dire du consentement de tous à vivre ensemble sous le régime du droit ?

6. L'ignorance, la pauvreté, la concentration du pouvoir sont à quelques niveaux les causes dont les effets sont les crimes rituels. Toutefois, ces pratiques resteront inintelligibles si l'on ne prend pas en compte la dimension culturelle de l'affaire. Les crimes rituels sont un fait culturel.

7. Lorsqu'on regarde les solutions qu'apportent les autorités gabonaises au problème, on voit que l'on évolue vers le tout coercitif ou le tout répressif sans chercher à comprendre le problème en profondeur pour le régler en profondeur.

8. Le problème de la délinquance juvénile est accepté ici comme une crise existentielle généralisée née des nombreuses crises que connaît le Gabon en tête desquelles la crise post-électorale d'août 2016.

9. Au même titre que la défense militaire, la défense civile est un instrument de dissuasion et la marque de la cohésion d'un pays. Qu'en est-il lorsque l'armée a pour ennemi désigné le peuple dont elle sert de rempart ? Il paraît déraisonnable de risquer la disparition d'un peuple juste pour soutenir, nourrir et entretenir les caprices d'un homme ou d'une famille. Soit l'on parvient à un équilibre des forces, soit l'on accède à la pleine conscience qu'un peuple pour être fort se doit d'être solidaire, qu'une armée pour être forte se doit d'être compacte avec son peuple. Une armée non solidaire à son peuple est bien suicidaire. C'est pourquoi il faut penser plus que jamais l'harmonie du groupe et ne pas hésiter d'user des prérogatives militaires pour préserver l'ordre et favoriser le bien-être du groupe. Cela passe par le refus d'obéir à des ordres injustes

notamment ceux-là qui demandent aux héros de la nation de se porter en bourreaux du peuple.

10. On ne peut contenir longtemps le déferlement, la libéralisation de la violence qui ne manquera pas d'être effective dans sa radicalité si l'on n'use pas de responsabilité. On risque d'entrer dans une configuration des choses où tout devient possible du point de vue bestial. Or l'on peut éviter cette bestialité. Personne n'a intérêt à favoriser des situations qui poussent à la guerre qui pourra s'ensuivre tôt ou tard si la raison et l'intérêt commun ne prévalent pas sur les égocentrismes.

11. Cela ne sert à rien de tuer à chaque élection présidentielle le peuple, de demander par la suite un dialogue qui aboutira à une modification constitutionnelle visant à renforcer les pouvoirs de la cause du mal. La résolution du conflit consistera à laisser se jouer le jeu démocratique et à permettre à tous de vivre dans le type de société qu'ils auront choisi avec les leaders qu'ils engagent à porter la destinée commune.

12. En l'absence de neutralité de ses institutions face au problème de l'injustice, le peuple n'a d'autre choix que de se défendre et de déployer une défense civile.

13. Plus l'oppression se fera criarde, plus le peuple réagira par une opposition obstinée de non-

collaboration, plus les coûts de l'oppression en matière idéologique, politique, diplomatique, sociale et économique seront élevés. L'on s'attend à ce que l'oppresseur face preuve de rationalité et aie la grandeur de s'effacer pour le bien de tous. Sinon, que l'armée prenne pour cause la raison du peuple.

14. La résistance intérieure augmente lorsque les populations sont conscientes que personne ne viendra à leur secours et que seuls leur détermination, leur inflexibilité ou encore leur instinct de survie viendront à bout de la déshumanisation.

15. La montée en puissance de la résistance civile se fait par à-coups. Elle alterne avec de longues phases de passivité et de résignation populaire. Et se relance à la faveur d'un élément déclencheur imprévisible, non déterminé. Mais elle est cependant le fruit d'une longue maturation.

16. Au cœur de la maturâtion de la volonté de résistance, il y a le changement des mentalités et surtout le changement dans la manière de lutter. Ce changement implique de refuser le plus possible de collaborer avec le système et pratiquer la désobéissance civile.

17. Le régime qui opprime ne perdure que grâce à la collaboration active du peuple. La rupture de cette collaboration précipite le système. Ici, l'opposition morale, artistique et littéraire est

d'une grande importance. Car elle contribue à l'éducation des masses. Elle est ce qu'on appelle l'opposition symbolique et souterraine.

18. Comme les abeilles dont la finalité est de produire le miel et de l'épargner, l'identité ici est la raison d'être du peuple gabonais ou ce qui fonde et oriente le pourquoi être Gabonais. Résumons-le au slogan : Gabon d'abord. L'intérêt du Gabon d'abord.

19. Dans cette réaction qui engage le peuple gabonais, les écrivains ont à s'engager d'intelligence dans un front dit littéraire : le front littéraire.

Le respect de la dignité humaine

François Hollande et les leçons du pouvoir

Les leçons du pouvoir sont un roman dans lequel François Hollande témoigne de sa présidence pour faire œuvre civique. À partir de cette œuvre, il veut que les Français comprennent les choix qui ont été faits et ce qu'a été l'exercice du pouvoir durant sa mandature. François Hollande pense que présider est une attitude qui articule l'homme entre autorité et normalité. Il s'agit de savoir comment concilier les aspirations contradictoires des Français qui veulent de l'autorité mais qui ne veulent rien céder sur leurs droits et leurs libertés. Il s'agit de savoir comment exercer le pouvoir avec la hauteur qu'exige la fonction et rester humain et simple. Pour François Hollande, un président est un homme normal, responsable de ses actions et sujet du peuple. « Le président n'est pas seulement chef d'État. Il est le premier citoyen de la nation : il lui doit des comptes. Il est souverain mais il est aussi le sujet du vrai souverain qui est le peuple. S'il est l'un plus que l'autre, il ne manquera pas de dresser l'opinion contre lui ». François Hollande ajoute, « Le président de la République fort heureusement n'a pas tous les pouvoirs ». En République, « le président préside jusqu'à la dernière seconde et passe la main à son successeur qui est aussitôt à la tâche ». François Hollande estime que le nouveau défi de la France est d'ordre international. Parmi les dossiers que devra gérer son successeur, il y a notamment la montée des « démocratures » qui « offrent aux peuples angoissés la fausse assurance de l'autorité et de l'orgueil nationaliste ». Des *démocratures* qui dans l'exercice du pouvoir n'ont aucun sens de la dignité humaine. C'est ainsi que dans le cadre de la dédicace de son ouvrage dans une librairie de Rouen, François Hollande écrit : « Aux martyrs du Gabon qui savent que parmi les leçons du pouvoir, il y a le respect de la dignité humaine ».

Au cœur de tout : l'homme

Les propos de François Hollande à l'endroit des martyrs du Gabon, placent la question politique dans le domaine éthique, dans le domaine du bien que l'on peut faire et du mal que l'on peut ne pas faire. François Hollande questionne ainsi le sens de la pratique politique au Gabon puisque c'est le propre de la réflexion éthique que de questionner le sens des pratiques. Selon Vernet *et al.*, le mot « dignité » « apparaît quand la société féodale se segmente et s'organise, se fixe dans une sorte d'organisation définitive, légitimant une hiérarchisation de la société ». La dignité humaine de ce point de vue consiste à placer au cœur de tout et au sommet de tout l'homme ainsi que la valeur humaine.

Le message d'outre-tombe

Les Gabonais possèdent une dignité, ce sont des hommes. Les martyrs gabonais possèdent une dignité, ce sont des hommes. Le mot martyr renvoyant à ceux qui sont morts pour une cause noble, ces morts possèdent une dignité, ce sont des hommes que l'on a tué avec froideur et indignité. Il y a un non-respect de la dignité humaine, c'est-à-dire un refus de la conscience de porter le regard en arrière pour ne fût-ce que reconnaître l'acte où l'événement cruel qui les a portés à la mort. Ces morts, semble-t-il, ne sont pas dignes de la République puisque, la République refuse de les respecter. Selon Alain Vernet *et al.*, le terme de « respect », signifie étymologiquement « regarder en arrière ». Or, par rapport aux martyrs du Gabon, ils n'existeraient pas, on ne leur accorde aucune reconnaissance et de plus ils sont déjà en arrière, c'est-à-dire qu'ils appartiennent au passé, notamment au 31 août 2016. Les propos de François Hollande reconnaissent qu'il y a eu des morts, des personnes qui ont été tuées, puisqu'il y a des martyrs. Ces personnes mortes sont héroïques puisque ce sont des martyrs. Le plus intéressant dans les propos d'Hollande c'est qu'il fait parler les morts. Dédicacés aux martyrs du Gabon, les propos d'Hollande font parler ces martyrs… En réalité, il se fait le porte-voix de ces derniers, leur messager. Pour dire vrai, élégamment, en toute subtilité, François Hollande ne donne pas ici son opinion. Il donne l'opinion supposée des martyrs. Autrement dit, il n'est nullement engagé par ce qu'il dit. Le message des martyrs du Gabon dit qu'ils savent… Ils « savent que parmi les leçons du pouvoir, il y a le respect de la dignité humaine ». C'est donc un message des martyrs adressé aux vivants. Le message de François Hollande parle éminemment du présent et de l'avenir du Gabon qui plus que jamais doit tenir compte de la dignité humaine dans l'exercice du pouvoir. Parmi les leçons du pouvoir il y a que gouverner c'est respecter la dignité humaine. La dignité signifie que l'on est homme sans condition, que l'on est homme indivisiblement, que l'on est homme pareillement. Un président n'est pas au-dessus de son peuple, encore moins l'éventreur de ce dernier.

La dignité des morts

Selon Tannela Boni, « la dignité humaine est d'abord celle du corps, vivant ou mort ». On ne peut pas d'un revers de la main tourner la page d'un assassinat collectif et planifié, quoi qu'on en dise. On ne peut pas faire comme si les familles endeuillées et même le peuple endeuillé ne souffraient pas le martyre. Surtout qu'il n'y a eu aucune cérémonie d'au revoir. Comme le dit Tannela Boni, « dans de nombreuses cultures, en Afrique et ailleurs, depuis des temps immémoriaux, le respect dû à l'humain est en premier lieu celui des morts. En effet, honorer le corps et la mémoire des morts est une exigence, voilà pourquoi ceux-ci ne sont pas jetés çà et là, comme des choses inertes dans la nature, à l'air libre. On en prend grand soin. On accompagne leur départ et le voyage dans l'au-delà ». Les Gabonais sont en attente d'une cérémonie qui rende hommage à leurs morts pour en faire le deuil et pour cette fois-ci vraiment tourner la page. Car pour tourner une page il faut la lire. C'est-à-dire tenir compte de l'histoire. Une page de l'histoire du Gabon s'est écrite le 31 août 2016. Elle restera écrite quel que soit le déni ou le défi.

Les droits de l'homme

« Si, dans toute société et dans toute culture existent des devoirs de chaque humain à l'égard des morts, il devrait en exister, à plus forte raison, à l'égard des vivants ». Ces propos de Tannela Boni placent au niveau des droits de l'homme. En effet, parler de la dignité humaine, c'est placer au cœur des choses et du politique, la question des droits de l'homme et de leur respect. Le premier droit à respecter est le droit du peuple à choisir qui le dirige, à choisir son président. Le deuxième droit à respecter, c'est d'investir celui que le peuple a choisi comme président. Pas celui que la force et les institutions à la solde ont porté au pouvoir. Le troisième droit à respecter, c'est le respect de la constitution comme volonté du peuple et non comme caprice d'une oligarchie ou d'une famille. Le quatrième droit à respecter, c'est celui du droit à l'indignation, du droit à la résistance. Il est « essentiel que les droits de l'homme soient protégés par un régime de droit pour que l'homme ne soit pas contraint, en suprême recours, à la révolte contre la tyrannie et l'oppression ». « Quand le gouvernement viole les droits du peuple, l'insurrection est pour le peuple et pour chaque portion du peuple, le plus sacré des droits et le plus indispensable des devoirs ».

La pratique de la démocratie

Finalement, la vraie question du respect de la dignité humaine pose les conditions de la pratique d'une démocratie véritable contre une *démocrature* et contre la tentation totalitaire. Kouadio Koffi Décaird formule la question en ces termes : « n'est-ce pas l'interprétation réciproque entre démocratie et droit de l'homme qui peut restaurer la dignité et mettre l'homme à l'abri de l'horreur ? Comment l'implémentation de l'État de droit démocratique peut-elle promouvoir les droits de l'homme et restaurer la dignité ? ». Le respect de la dignité humaine passe par la pratique d'un système politique qui prend en compte la formulation des aspirations du peuple. Seule la souveraineté du peuple et les droits de l'homme sont, au dire de Kouadio Koffi Décaird, capables de réhabiliter la dignité humaine mais aussi de la protéger. Ce dernier entend par *l'atteinte à la dignité humaine*, la brutalité de la force physique que l'on fait subir au peuple qui se caractérise par l'atteinte à l'intégrité physique, par le meurtre, par les viols, par la torture des prisonniers, par les actes d'humiliation… auxquels il faudrait ajouter dans le cas du Gabon, les crimes dits rituels et les disparitions forcées.

Dans la *dignitas*

La boucle se ferme par ces leçons du pouvoir qui interpellent à la gestion humaine de l'État. Un président de la République n'est qu'un homme sujet du peuple à qui ce dernier a doté de beaucoup de pouvoir afin de le conduire avec autorité dans le strict respect de ses droits et de ses libertés. Mais surtout pour le rendre heureux. Il n'est pas dit qu'un homme seul est président seul, tout le temps et pour toujours que ce soit à travers lui-même ou à travers ses avatars familiaux. Un pays est fait d'hommes qui se succèdent au pouvoir pour porter haut les destinées de ce pays avec pour préoccupation principale le bonheur commun, le bonheur de tous, la félicité. Le respect de la dignité humaine passe par le respect des hommes et des femmes qui font la force et la fierté d'un pays. La dignité humaine passe par le respect des morts et des vivants. Elle passe par le respect des droits de l'homme et du citoyen. Elle passe par le respect de la démocratie. Elle passe par l'unité du peuple. Unis, nous progressons en toute dignité, dans la *dignitas*.

Références :

François Hollande, 2018, *Les leçons du pouvoir*, Paris, Éditions Stock.

Vernet A, Boutet C, Aubert JF, Vaillant C, Agboli K, Le Cleach Y, Sommer G, Desserprix V, Morais S. Le respect de la dignité de la personne humaine. Précisions sémantiques et conceptuelles à propos de cet impératif catégorique. L'Information psychiatrique 2016.

Tanella Boni, « La dignité de la personne humaine : De l'intégrité du corps et de la lutte pour la reconnaissance », Diogène 2006/3 (n° 215), p. 65-76.

Kouadio Koffi Décaird, « La dignité humaine à l'épreuve des conflits armés : repenser les droits de l'homme avec Habermas », Présence Africaine 2016/1 (N° 193), p. 97-116.

Geneviève Koubi, 2008, Droit de résistance à l'oppression et droit à l'insurrection.

Présidentialisation et personnalisation

Au Gabon, la révision constitutionnelle soulève une vive polémique et divise. En effet, plusieurs voix s'élèvent pour défendre ou pour dénoncer le nouveau projet de révision de la constitution. Au nombre des défenseurs, il y a la Présidence de la République, le Gouvernement, la majorité présidentielle et une certaine catégorie de l'opposition. Parmi ceux qui dénoncent le projet de révision constitutionnelle, on trouve la coalition de l'opposition dite radicale, des acteurs politiques de l'opposition, le collectif Gabon démocratie, les activistes de la Résistance pour la défense du peuple Gabonais. L'opposition dénonce le nouveau projet de révision constitutionnelle parce que, selon elle, il vise à instaurer une forme de gouvernement monarchique. À cela, l'opposition dans sa forme particulière, particulière parce qu'elle se fait l'avocat et le défenseur de la majorité présidentielle, s'insurge contre cette idée. Un des représentants de cette branche déclare que lorsque l'opposition parle d'un projet de révision constitutionnel qui consacrerait la monarchisation du Gabon, elle insulte pour sa part sa probité et sa détermination à faire aboutir un véritable projet démocratique au Gabon. Si l'opposition particulière voit dans le nouveau projet, la garantie de faire aboutir le processus de démocratisation au Gabon, le collectif Gabon démocratie attire l'attention sur la dangerosité de ce qui pourrait entériner la mort de la République gabonaise, à savoir la monarchisation du Régime en marche. Les activistes de la Résistance estiment quant à eux qu'il n'y a pas de Constitution à retoucher et appellent au boycott de toute action du Gouvernement considéré comme illégitime.

Dialogue politique et crise post-électorale

Le projet de révision de la Constitution est l'émanation du Dialogue politique de mars-mai 2017. Ce Dialogue politique dit inclusif avait pour objectif de sortir le Gabon de l'impasse politique qui perdure depuis la crise post-électorale d'août 2016. À la suite des élections présidentielles du 27 août 2016, le Gabon a basculé dans une rare violence. La proclamation des résultats a donné lieu à une vive contestation des partisans de la coalition de l'opposition. Sur le chemin menant au siège de la commission nationale électorale, les partisans de l'opposition ont été lourdement chargés au gaz lacrymogène, aux bombes assourdissantes, aux tirs à balles réelles. On rapporte que des manifestants ont été écrasés par des chars. L'Assemblée nationale a été partiellement brûlé. On dénombre des barricades et un certain nombre de pillages. Dans la nuit du 31 août au 1er septembre 2016, épaulés par deux hélicoptères, les bérets verts effectuent une descente au siège du leader de l'opposition élue. L'assaut à balles réelles durent plusieurs heures. Un peu partout dans le pays, il y a un soulèvement du peuple durement réprimé. Officiellement, on parle de trois morts. Officieusement on évoque plusieurs dizaines de morts. On fait état de l'existence de plusieurs charniers. En moins de 24 heures on enregistre près de mille arrestations dont de nombreux leaders politiques. Le Gouvernement justifie l'assaut au QG du leader de l'opposition par le fait que des criminels s'y seraient réfugiés. Notamment des personnes armées qui auraient incendié l'Assemblée nationale. Un des représentants du Président sortant proclamé vainqueur des élections explique l'assaut par le fait que le leader de l'opposition et les siens sont dans une logique de déstabilisation et de prise de pouvoir par la rue plutôt que par les élections. Ce qui amène le Président sortant à déclarer que la démocratie s'accorde mal des succès auto proclamés, des groupuscules formés à la destruction. Le leader de la coalition de l'opposition rétorque que la seule solution c'est que le Président sortant reconnaisse sa défaite parce qu'il sait qu'il a été battu. Les événements du 31 août 2016 ont eu pour effet un appel à la résistance du peuple Gabonais pour la défense de son vote et de ses droits. "Ce qui se passe au Gabon est extrêmement grave. Chaque Gabonais où qu'il soit, a l'obligation de se lever, a le devoir de se rebeller, a le devoir de résister contre ce régime-là afin qu'il tombe. Nous devons montrer au monde entier la face sombre, la face diabolique de ce régime" peut-on entendre sur les réseaux sociaux. Ce qui a eu pour conséquence des manifestations de la Diaspora gabonaise un peu partout dans le monde. Le symbole de cette résistance est la marche du Trocadéro. C'est ce contexte de crise tendue entre le peuple Gabonais divisé en deux que le Dialogue politique inclusif tente de résorber. Qualifié de mascarade par l'opposition, le Dialogue politique de mars à mai 2017 est censé sortir le pays de la crise politique en cours avec pour ambition déboucher sur des réformes structurelles. Au nombre de ces réformes, il y a notamment la réforme constitutionnelle permettant la limitation des mandats. D'où le projet de révision de la Constitution adopté à l'issu du conseil de ministre du 28 septembre 2017.

Nouvelles dispositions

Émanation du Dialogue politique inclusif, le nouveau projet de révision constitutionnelle, le septième depuis 1991, préconise les dispositions de réformes suivantes :

1- L'élection présidentielle à deux tours.

2- L'éligibilité de tous les Gabonais sans condition d'âge ni de sexe.

3- La détermination par le Président de la République de la politique de la Nation en cas de changement de majorité à l'Assemblée nationale.

4- La conduite par le Gouvernement de la politique de la Nation en concertation avec le Président de la

République en cas de changement de majorité à l'Assemblée nationale.

5- Le Premier ministre jure de remplir consciencieusement sa charge à l'égard du Chef de l'État et de garder religieusement même après mandat la confidentialité des dossiers afférant à sa tâche.

6- Les commandants en chef des forces de défense et de sécurité jurent défendre la patrie et remplir leurs charges dans le strict respect des obligations de loyauté à l'égard du Chef de l'État.

7- Le Président de la République qui a cessé d'exercer ses fonctions est irresponsable.

8- Les anciens Présidents de la République sont membres de droit de la Cour Constitutionnelle.

Au vu de ces dispositions, qu'est-ce qui peut laisser penser à une volonté de monarchisation ? Quels peuvent être en cas d'adoption, les conséquences de l'application et de la mise en œuvre des nouvelles dispositions constitutionnelles ? Pour répondre, on porte l'analyse sur les rapports entre le pouvoir exécutif et le pouvoir législatif tels qu'énoncés dans les articles 8 et 28 nouveaux du projet constitutionnel.

Article 8 nouveau : En cas de changement de majorité à l'Assemblée Nationale, la politique de la Nation est déterminée par le Président de la République en concertation avec le Gouvernement. Le Président de la

République est le détenteur suprême du pouvoir exécutif.

Article 28 nouveau : En cas de changement de majorité à l'Assemblée Nationale, la politique de la Nation est conduite par le Gouvernement en concertation avec le Président de la République. Le Gouvernement est responsable devant le Président de la République. Il est responsable devant l'Assemblée Nationale, dans les conditions et les procédures prévues par la présente Constitution.

Émanation du Dialogue politique inclusif de mars-mai 2017, les acteurs présents à ce Dialogue ont convenu :

- de mettre en évidence le bicéphalisme de l'Exécutif.
- de préserver l'hypothèse d'une cohabitation au sommet de l'exécutif.

Et pour cela, la réforme vise à clarifier les compétences du Président de la République ainsi que du Premier ministre. De même anticipe sur une éventuelle cohabitation au sommet de l'exécutif avec pour élément de réponse la détermination de la politique de la Nation par le Président de la République en cas de majorité de l'opposition à l'Assemblée nationale. La proposition de loi dans les rapports entre l'Exécutif et le Parlement tourne donc autour de la réforme du régime politique avec pour corollaire le renforcement du régime présidentiel au détriment du régime parlementaire. Pour le dire avec Philippe Ségur, "le régime parlementaire est caractérisé par un pouvoir exécutif dualiste et bicéphale (chef de l'État, chef de Gouvernement) et par l'existence d'un principe d'équilibre : le Parlement peut renverser le Gouvernement (responsabilité politique), tandis que le chef de l'État peut dissoudre [l'Assemblée nationale]. Le régime présidentiel est caractérisé par un exécutif monocéphale, où le chef de l'État est en même temps le chef de l'équipe gouvernementale, sans responsabilité politique ni droit de dissolution" Ségur, (2014, p. 5).

Présidentialisation

Au vu de ce qui précède, le projet de révision constitutionnelle au Gabon tourne en faveur d'une présidentialisation au détriment du parlementarisme (Ceci dans le passé a conduit droit au monopartisme). D'où cette volonté de neutraliser sinon de rationaliser le Parlement en faisant basculer la conduite de la politique de la Nation au niveau des compétences du chef de l'État en cas de majorité de l'opposition à l'Assemblée nationale. Cette configuration n'est envisageable qu'en cas de cohabitation. C'est-à-dire la situation qui correspond à "la coexistence institutionnelle d'un président de la République et d'une majorité politique qui lui est opposée à l'Assemblée nationale, ce qui implique, pour le chef de l'État, l'obligation de désigner un Premier ministre au sein de cette majorité" Ségur (2014, p. 72). Cette configuration de cohabitation est anticipée et vidée de sa capacité de transfert de pouvoir vers le Premier ministre issu de la majorité parlementaire pour confirmer et renforcer la présidentialisation du régime politique selon laquelle "le Président de la République est le détenteur suprême du pouvoir exécutif". Quelles peuvent être les conséquences d'une prédominance du pouvoir exécutif ?

Effets possibles

Une des conséquences de la prédominance du pouvoir exécutif peut consister à en faire "une instance de domination, expression d'un pouvoir oligarchique coupé de la société" Rosanvallon (2015, p. 20). Le défaut de ce modèle ouvre la voie à un régime illibéral, voire dictatorial avec le déclin ou l'effacement des partis au profit de la fonction gouvernante et des organes de gouvernance. Rosanvallon (2015, p. 21). Mais aussi avec la subordination de la majorité parlementaire au soutien et à la légitimation du pouvoir du Gouvernement. La révision constitutionnelle au Gabon avec la volonté de personnalisation du pouvoir exécutif, porte en germe la remise en cause de l'État de droit et partant de la démocratie dans son principe tel que défini dans la Constitution à savoir comme gouvernement du peuple, par le peuple et pour le peuple. Babacar Guèye, formule cette inquiétude de la façon suivante : "L'Assemblée parlementaire réduite à un appendice du gouvernement, la justice sous contrôle, la séparation des pouvoirs - principe essentiel de la démocratie libérale - est discutée et la voie dégagée pour le pouvoir personnel et le despotisme dans de nombreux pays africains." Guèye (2009, p. 17). Cette concentration de l'autorité, incompatible avec la logique démocratique, remet en cause la séparation des pouvoirs, le pluralisme politique, et dénature le contrôle parlementaire, lequel n'est plus exercé que par l'opposition si elle est représentée ou par la société civile, sinon au travers des manifestations de la rue par les populations elles-mêmes" Guèye (2009, p. 17). D'où la nécessité d'un contrôle du pouvoir. Comme le dit Pierre Rosanvallon "Un pouvoir n'est ainsi dorénavant considéré comme pleinement démocratique que s'il est soumis à des épreuves de contrôle et de validation à la fois concurrentes et complémentaires de l'expression majoritaire" Rosanvallon (2015, p. 32). "La démocratie s'appréhende en effet au premier chef comme un régime dans lequel le pouvoir est responsable, l'élection n'étant qu'une des modalités de la mise à l'épreuve de celle-ci. La reconnaissance d'une responsabilité implique un jugement, elle instaure une forme de dépendance des gouvernants vis-à-vis des gouvernés" Pierre Rosanvallon, (2015, p. 135).

Conclusion

La configuration de monarchisation demeure envisageable si avec Charles Eisenmann on dit qu'en monarchie, "le monarque absolu détient tout le pouvoir gouvernemental". Ce qui est le cas dans le cadre d'une présidentialisation telle que l'envisage le projet actuel de révision de la Constitution au Gabon. L'inquiétude autour du projet se comprend d'autant plus que la procédure de révision constitutionnelle ici est une initiative présidentielle. Elle émane d'une proposition du Gouvernement (conseil de ministres). Aussi, peut-on dire avec Robert Jackson que "la Constitution n'est pas un pacte de suicide". L'intuition de monarchisation appelle à la prudence et au bon sens. Le nombre des membres de la Cour constitutionnelle est de neuf. Quelles peuvent être les conséquences du statut de membre de droit attribué aux anciens Présidents de la Républiques au Gabon ? N'y-a-t-il pas là une espèce de veto qui aura pour influence et conséquence de bloquer le processus d'alternance et de donner là les réelles raisons d'une inquiétude vis-à-vis d'une possible monarchisation au Gabon ? En bloquant l'alternance politique au sommet, en vidant la cohabitation de sa substance, en régulant les litiges politiques en faveur de la configuration exécutive actuelle et en assurant les conditions de sa défense par une loyauté religieuse, le projet de révision constitutionnelle suscite plus d'inquiétudes qu'il ne rassure. Alors que proposer ? Une élection présidentielle à deux tours avec un renforcement du régime semi-présidentiel garantissant l'éventualité de cohabitation et le libre cours du procédé d'alternance présidentielle : les deux clés en l'état actuel du contexte politique au Gabon, de la neutralisation d'une dérive autocratique et monarchique. Espérant que la sagesse et l'intérêt commun prendront le dessus sur l'arrogance et les intérêts personnels lors des assemblées constituantes.

Références :

Ouvrages :

Pierre Rosanvallon, *Le bon gouvernement*, Paris, Éditions du Seuil, 2015.

Philippe Ségur, La Vè République, Paris, Éditions Ellipse, 2014.

Articles :

Mathilde Debain, Chronique d'une victoire assurée. Retour sur la campagne présidentielle de 2009 au Gabon », Politique africaine 2009/3 (N° 115), p. 27-46.

Alice Aterianus-Owanga, Mathilde Debain« « Demain, un jour nouveau ? » Un renversement électoral confisqué au Gabon », Politique africaine 2016/4 (n° 144), p. 157-179.

Elster Jon. Argumenter et négocier dans deux Assemblées constituantes. In : Revue française de science politique, 44e année, n°2, 1994. pp. 187--256.

Simon Johnson, « Coup d'État en douce », Le Débat 2009/5 (n° 157), p. 52-66.

Pierre-Joseph Laurent, « Le « big man » local ou la « gestion coup d'État » de l'espace public », Politique africaine 2000/4 (N° 80), p. 169-181.

Djedjro Francisco Meledje, « Le contentieux électoral en Afrique », Pouvoirs 2009/2 (n° 129), p. 139-155.

Babacar Guèye, « La démocratie en Afrique : succès et résistances », Pouvoirs 2009/2 (n° 129), p. 5-26.

Vincent Foucher, « Difficiles successions en Afrique subsaharienne : persistance et reconstruction du pouvoir personnel », Pouvoirs 2009/2 (n° 129), p. 127-137.

Teixeira Etienne. Démocratie et monarchie chez Plutarque. In: Dialogues d'histoire ancienne, vol. 21, n°2, 1995. pp. 139-146.

Tendance des élections législatives au Gabon : vers un monopartisme de fait

Trois variables expliquent la tendance des résultats des élections législatives au Gabon : une forte abstention de la population, l'utilisation par la majorité des résultats du premier tour comme variable d'ajustement et le boycott des élections par l'opposition. Avec les élections législatives prévues se tenir en avril 2018, la classe politique de l'opposition au Gabon se trouve placée devant un grand dilemme. À la suite des événements traumatisants vécus au lendemain des élections présidentielles d'août 2016, les Gabonais sont rentrés dans un cycle de résistance qui dicte l'essentiel de leur conduite. Le boycott est leur mot d'ordre face aux actions gouvernementales. Pour l'opposition résistante, participer aux élections législatives, c'est légitimer le pouvoir illégitime qu'elle conteste. De l'autre les partisans du pouvoir ne sont pas prêts à de réelles réformes qui aboutiraient à une sélection transparente des gouvernants. Wilson-André Ndombet présente le dilemme auquel fait face la classe politique gabonaise de la façon suivante : "S'agissant des partisans du pouvoir, il paraît difficile d'imaginer une survie dans un processus électoral normal face à une révolte quasi-généralisée des Gabonais et déterminés à vivre enfin leur alternance brutalement bloquée depuis le scrutin du 27 août 2016 ». "Pour les

"

partis de l'Opposition, nombre d'options sont envisagées parmi lesquelles, il ne s'agit plus de boycotter les élections législatives. À imaginer cependant, que le régime au pouvoir s'arc-boute à détenir toujours tous les leviers du pouvoir de l'État, aller aux élections sans garantie serait illusoire et ferait son jeu". Un processus électoral normal ferait craindre les partisans du pouvoir. Un processus électoral en l'état actuel des choses rendrait dubitatifs les partisans de l'opposition. Essayons de comprendre. Pour commencer quels sont les potentiels acteurs des futures élections législatives ?

PDG

Majorité présidentielle

Opposition rempart de la majorité présidentielle

Indépendants

Coalition de l'opposition

D'abord, le parti démocratique gabonais au pouvoir depuis 1968. Il a pour alliés politiques une quarantaine de partis dits de la majorité présidentielle auxquels s'ajoute une opposition acquise qui donne l'impression de servir de rempart. Ensuite, il y a de potentiels candidats indépendants. Enfin, il y a la coalition de l'opposition plus ou moins radicale. Continuons avec une analyse de l'évolution des élections législatives au Gabon de 1990 à 2011.

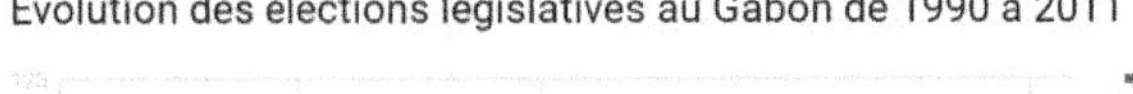

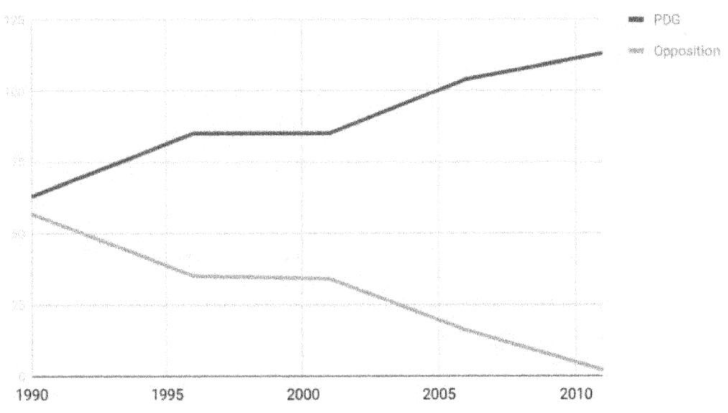

Pour simplifier l'analyse nous avons fusionné le PDG et ses alliés et dans l'Opposition nous avons considéré l'ensemble des partis de l'opposition ainsi que les indépendants. Au sortir, nous avons deux courbes en tenaille représentant le nombre de sièges obtenus par partis politiques (PDG et Opposition) de 1990 à 2011. Comme tendance générale, nous notons que le PDG sort toujours vainqueur des élections. Et son nombre de sièges va croissant et se rapproche de la victoire absolue (d'une configuration de monopartisme). Lors des élections législatives, 120 sièges sont à pourvoir.

En 1990, il y a une égalité relative de sièges entre le PDG et l'Opposition. 52.5% de sièges pour le PDG contre 47.5% pour l'Opposition. Puis le PDG acquiert au fil des élections un nombre croissant de sièges. L'opposition caracole de façon continue pour obtenir en 2011 1,6% de sièges. Les différentes phases de rupture montrent que le PDG devient de plus en plus fort comme s'il se régénérait (émergence). L'analyse du graphique nous conduit à concevoir le PDG comme un parti populaire et légitime qui aurait le soutien et la confiance du peuple. De l'autre, l'Opposition souffrirait d'une impopularité qui lui ferait perdre à chaque fois de manière croissante les voix et donc les sièges. Qu'en est-il dans les faits ? Trois variables expliquent cette tendance des résultats des élections législatives au Gabon : une forte abstention de la population, l'utilisation par la majorité des résultats du premier tour comme variable d'ajustement et le boycott de certaines élections par l'opposition. En effet, on note une abstention allant jusqu'à 80% des populations votantes. Ce qui contraste avec le taux de participation aux élections législatives durant la période du monopartisme. En 1985 par exemple, on a enregistré plus de 95% de participation. Alors qu'entre 1990 et 2011 le taux de participation dans les grandes villes oscille entre 20 à 30%. Ensuite notre étude a permis d'observer que les résultats du premier tour des élections sont utilisés comme une variable d'ajustement. Comme qui dirait on procède à la règle de trois pour fournir une majorité au parti gouvernemental lors du deuxième tour. Excepté en 2006 où il n'y a qu'un seul tour. Enfin, le boycott des élections législatives par l'opposition explique aussi le score élevé du PDG. En 2001 ce sont par exemple une dizaine de partis politiques de l'opposition qui ont contesté les élections en annonçant un boycott actif. La faible efficacité de l'opposition et son faible score aux élections législatives peut s'expliquer par son inorganisation. À cela nous pouvons ajouter les carences inhérentes aux nouveaux partis politiques depuis l'avènement de la démocratie. À ce propos Mwayila Tshiyembe (1998) souligne que : "nés dans un contexte de rupture socio-politique, doublé d'une crise économique et de violences politiques, les nouveaux partis politiques souffrent de plusieurs carences, dont voici les plus saillantes :

- absence de démocratie interne : nombre des partis sont dirigés par des responsables autoproclamés dont l'autorité n'est fondée sur aucune base électorale ;

- absence de base sociologique significative : la majorité des partis politiques ne peuvent pas justifier d'une adhésion significative des militants ou des sympathisants ;

- absence de projet de société ou de programme gouvernemental : dans nombre de cas, il ne s' agit pas de partis d'idées ;

- absence de structures : le plus souvent, on est en présence de partis fictifs dont l'existence se limite soit à leur nomination et enregistrement au ministère de l'intérieur ; soit à quelques membres de la direction nationale, etc.".

Quant au fort taux d'abstention durant les élections législatives au Gabon, nous pouvons l'expliquer à travers ce que Dodzi Kokoroko dit des élections en Afrique francophone au sujet de la sincérité du vote. « La sincérité du vote, dit-il, suppose, quant à elle, que les résultats proclamés du scrutin soient conformes aux suffrages réellement exprimés par les électeurs. Elle peut être considérée sous deux aspects : sincérité des opérations de vote et sincérité du dépouillement et des résultats. Le premier implique que les opérations de vote se déroulent librement dans le calme et en l'absence de toute manipulation pouvant avoir une incidence sur l'issue du vote. Cependant, les altérations opérées durant la phase pré-électorale se prolongent au-delà par l'impossibilité pour un grand nombre d'électeurs de voter le jour du scrutin, résultant soit de la disparition de certaines listes électorales, soit de la non-correspondance entre les listes électorales et les cartes d'électeurs. Ces manipulations traduisent les agissements d'une administration partisane ou d'une commission électorale nationale instrumentalisée. Le second aspect implique assez souvent un déplacement des urnes par la force en méconnaissance de la loi électorale qui prévoit un dépouillement sur place et dans les bureaux de vote. Ce transfert des urnes permet à l'administration de remplacer les urnes dont le contenu est jugé défavorable au pouvoir par des urnes plus dociles, aux résultats facilement contrôlables. La falsification des procès-verbaux constitue l'étape suprême de la machine de fraude électorale. Elle est généralement orchestrée par des représentants locaux de l'administration générale (préfets et sous-préfets) qui vont corriger les résultats. Il restera à la Cour constitutionnelle la proclamation des résultats travestis qui lui ont été communiqués par une administration électorale sous contrôle".

Kokoroko cite le journaliste camerounais Pius Njawé qui résume : « Organisez le scrutin présidentiel, gagnez-le sans lésiner sur la fraude électorale et l'intimidation, laissez monter un peu la contestation du résultat, puis proposez "le dialogue" à l'opposition. Conviez-la à la table du pouvoir, où vous lui laisserez des miettes. Si la pression est trop forte, vous pouvez même proposer des élections législatives ou locales concertées, jusqu'à un certain point. Certes, vous risquez d'avoir un Parlement ou des collectivités territoriales un peu turbulentes [...]. Tout le monde, sauf quelques aigris, oubliera les conditions de votre (ré)élection ».

On comprend l'inquiétude de l'opposition gabonaise qui crie au boycott, lui qui reproche au gouvernement à peu près le schéma que vient de décrire Kokoroko.

Pourtant, ce dernier reste confiant en la capacité des forces démocratiques à venir à bout de toutes ces manipulations électorales. C'est pourquoi il dit, « l'intention n'est pas de refaire ce monde politique mais d'empêcher qu'il ne se défasse sous les coups de boutoir de médiocres autorités pouvant tout détruire, ne sachant plus convaincre dès lors que la politique s'est abaissée jusqu'à se faire la servante de l'oppression et de la haine." C'est pourquoi Kokoroko prône le retour aux valeurs : « il doit exister, dans toute société humaine, un certain nombre de valeurs qui, par l'adhésion qu'elles rencontrent, suscitent la cohésion du groupe. Elles doivent correspondre aux exigences, aux aspirations acceptées et adoptées par la collectivité, qui influencent la totalité de ses membres et dirigent leur comportement. Ce sont ces valeurs qui préservent l'unité politique de la collectivité ainsi que sa stabilité en exerçant une influence régulatrice, normative sur les individus et sur la collectivité, lesquels se sentent inconsciemment obligés de les respecter".

La promotion des valeurs et des valeurs démocratiques amènera certainement l'équilibre et la paix sociale. Ce qui correspond à une identité de la légalité et de la légitimité. Passer de la résistance entre légalité et légitimité et parvenir à la correspondance du vote et de l'élu, à l'adéquation de la légalité et de la légitimité. Car que fait l'élection si ce n'est d'accorder légitimement le droit à celui qui gouverne ou à celui qui représente ? Aux partis de l'opposition nous suggérons une meilleure organisation. Au parti démocratique gabonais d'être juste et... tout simplement démocratique.

Références :

Gabon : Assemblée nationale. Archive des résultats des élections parlementaires.

Mwayila Tshiyembé, « L'autopsie de l'échec de la transition démocratique en Afrique à la lumière de la théorie des conjonctures politiques fluides », Présence Africaine 1998/1 (N° 157), p. 69-99.

Dodzi Kokoroko, « Les élections disputées : réussites et échecs », Pouvoirs 2009/2 (n° 129), p. 115-125.

Sur l'indisponibilité temporaire dans la constitution gabonaise

Par une décision du 14 novembre 2018, la Cour constitutionnelle du Gabon, a procédé à la modification de la Constitution en ajoutant un alinéa aux dispositions de l'article 13 relatives à la vacance du président de la République. Le président du Gabon absent du pays depuis le mois d'octobre pour des raisons de santé et de ce fait indisponible quant à l'exercice des charges liées à sa fonction, le premier ministre du Gabon a saisi la Cour constitutionnelle aux fins d'interprétation des dispositions des articles 13 et 16 de la constitution au regard de la situation d'indisponibilité dite temporaire du président de la République. Motivant cette demande d'interprétation : le fait semble-t-il que les raisons d'indisponibilité temporaire n'ont pas été prévues par le constituant.

Décision 219/CC

Après opérations d'interprétation et de délibération par la Cour constitutionnelle statuant d'après les articles 83 et 88 de la constitution ainsi que l'article 60 de la loi organique régissant la Cour, il résulte sans équivoque des dispositions de l'article 13, que :

« le constituant ne règle pas à travers celles-ci la manière dont les institutions doivent fonctionner en cas de vacance de la présidence de la République ou d'empêchement définitif de son titulaire qui sont des situations où la fonction concernée reste définitivement sans titulaire et nécessite la mise en oeuvre de certaines dispositions en vue de la désignation d'un successeur. (Il s'en suit) que le cas d'indisponibilité temporaire de la charge de Président de la République n'a pas été prévue par ledit article 13, en conséquence il y a lieu de constater que cet article comporte une lacune qu'il convient de combler en lui assignant un autre alinéa ainsi libellé :

- En cas d'indisponibilité temporaire du président de la République pour quelque cause que ce soit, certaines fonctions dévolues à ce dernier à l'exception de celles prévues aux articles 18 (référendum), 19 (dissolution du parlement) et 109 (révision de la constitution) alinéa premier, peuvent être exercées selon le cas par le vice-président de la République soit par le premier ministre sur autorisation de la Cour constitutionnelle saisie par le premier ministre ou un dixième des membres du gouvernement chaque fois que nécessaire » (Décision 219/Cc du 14 novembre 2018).

Nébulosité de l'alinéa nouveau de l'article 13

L'article 13 nouveau de la constitution conformément à la décision 219/Cc du 14 novembre 2018, introduit un élément nébuleux, une lacune qui charge d'ambiguïtés le nouvel énoncé. Cette charge d'ambiguïtés tient essentiellement dans l'adverbe : « certaines » et dans l'expression : « certaines fonctions ». On a ici des éléments d'indétermination, de lacune qui pourraient justifier des interprétations abusives, voire des mésinterprétations. Si l'expression « certaines fonctions » semble vouloir dire : à l'exception des fonctions relatives aux dispositions contenues aux articles 18, 19 et 109, qu'en est-il « selon le cas » et si nécessaire, qu'il en vient au vice-président ou au premier ministre, de saisir la Cour constitutionnelle aux fins de bénéficier des effets de l'article 25 conférant des pouvoirs spéciaux selon que les circonstances l'exigent ?

La prévisibilité de l'indisponibilité temporaire

Au lendemain de la conférence nationale de mars/avril 1990, les constituants gabonais se sont réunis pour prévoir la conduite à tenir au cas où le président de la République pour quelque cause que ce soit, de manière temporaire ou définitive, se trouverait dans l'incapacité d'assurer les devoirs liés à sa charge. À ce problème, ils ont identifié deux situations : une situation de vacance et une situation d'empêchement définitif. Ces deux situations sont liées dans le texte (article 13) par la conjonction de coordination « ou » qui établit un rapport d'équivalence entre le terme « vacance » et le terme « empêchement ». Ce qui veut dire qu'il y a une relation de sens entre ces deux termes qui expriment chacun une situation : la situation d'empêchement. De par leur relation de sens, la vacance est un empêchement. Parce qu'un empêchement peut être définitif, il peut donc par voie de logique être temporaire, provisoire. De ce point de vue dans la configuration cognitive des constituants auteurs de l'article 13 de la constitution, la vacance pour eux a une charge sémantique définissant le caractère d'un empêchement temporaire ou définitif. Le terme empêchement voulant aussi dire indisponibilité, la vacance renvoie donc également à une indisponibilité elle aussi temporaire ou définitive. Le cas d'indisponibilité temporaire du président de la République a donc été prévue par la constitution du Gabon en vigueur comme situation de vacance temporaire et donc de vacance tout court. Sur l'axe sémantique de la vacance et donc de l'empêchement, le constituant gabonais a toujours eu le souci d'une temporalité plus ou moins longue, définitive ou provisoire. C'est ainsi qu'à l'article 8 de la constitution de 1960, il utilise dans son énoncé l'expression d'« empêchement momentané du président de la République ». En l'article 6 de la constitution de 1967, le constituant parle « d'empêchement temporaire ou définitif ». Celle de 1968 utilise en son article 8 l'expression d' « empêchement momentané » et en son article 9, celle de « vacance définitive ». On comprend que ce soit en termes d'empêchement ou de vacance, le souci du constituant a toujours été de considérer la situation provisoire et celle définitive. Le raisonnement a *fortiori* mène à penser que si dans le passé le constituant a pris en compte des situations d'empêchement organisées selon les cas, en « temporaire » et en « définitif », il est non logique que ce souci n'ait pas rencontré la volonté des constituants lors de la rédaction de la constitution de 1991 qui a connu depuis lors plusieurs modifications.

Intelligence des dispositions de l'article 13 hors alinéa de la décision 219/Cc

La prévisibilité de l'indisponibilité temporaire du Président de la République a été prise en compte en l'article 13 de la constitution comme étant une manifestation de la situation de vacance. Dans la décision 219/Cc du 14 novembre 2018, la vacance comme l'empêchement définitif sont des situations où la fonction de président de la République reste définitivement sans titulaire. Toutefois, on sait que ces situations peuvent être aussi un temps durant lequel la fonction de président de la République, peut rester temporairement sans titulaire. Soumis à l'aune d'une interprétation systématique, sémantique de même que diachronique, rien n'enferme dans la définitivité lorsqu'on parle de vacance de pouvoir dans l'énoncé constitutionnel.

La compétence de la Cour constitutionnelle

Comme on a pu le voir plus haut, la vacance est l'état d'une situation provisoire, temporaire, momentanée ou définitive. Il en est de même de l'empêchement. A la Cour constitutionnelle on donne la responsabilité d'interpréter, c'est-à-dire, de dire ce que dit la norme constitutionnelle en solution au problème de la vacance du pouvoir pour quelque cause que ce soit (dans le champ de toutes les circonstances) pour assurer la continuité de l'État et le bon fonctionnement des institutions. Que fait-on si pour une raison ou pour une autre, le chef de l'État était empêché de remplir les devoirs de sa charge ? Interpréter c'est donner la solution constitutionnelle à ce problème telle qu'elle est énoncée en l'article 13 sans quelques ajouts d'alinéas que ce soit. Clarifier le texte dans ce qu'il dit, voilà ce que l'on entend par interpréter. Donner le sens du texte, sa vérité de manière à actualiser ses effets.

Les effets de la vacance de la présidence de la République

1. Le président du Sénat exerce provisoirement les fonctions de président de la République.

2. L'autorité qui assure l'intérim du Président de la République est investie, à titre temporaire, de la plénitude des fonctions du président de la République, à l'exception de celles prévues aux articles 18, 19 et 116, alinéa 1er.

3. Les fonctions de vice-président de la République cessent (article 14 e).

4. Les fonctions du gouvernement cessent (article 34 nouveau).

5. Le scrutin pour l'élection du nouveau président a lieu 30 jours au minimum et quarante-cinq jours au maximum après ouverture de la vacance de la Présidence de la République.

Problématique liée à la décision 219/Cc

La Cour constitutionnelle après interprétation de l'article 13 dit :

1. Il résulte sans équivoque (sans nécessité d'interprétation).

2. Que le constituant ne règle pas à travers les dispositions de l'article 13 la manière dont les

institutions doivent fonctionner en cas de vacance de la présidence de la République.

La lecture sans équivoque, donc sans nécessité d'interprétation, de l'article 13, permet de constater que le constituant règle à travers celui-ci la manière dont les institutions doivent fonctionner en cas de vacance de la présidence de la République. Un problème se dégage. Jusqu'où peut-on faire confiance en la Cour constitutionnelle ? Ne fait-elle pas acte de trahison de la constitution ? Auquel cas on a raison de douter de sa capacité à interpréter à moins qu'interpréter signifie dénaturer, voire falsifier.

Anticonstitutionnellement

Lacune : absence dans la norme de réponse à un problème. Absence de norme. L'indisponibilité temporaire étant une vacance, il n'y a donc pas de lacune en l'article 13 justifiant la décision 219/Cc. Sans cette décision superfétatoire, l'article 13 de la Constitution prévoit pleinement la totalité des cas de vacance, c'est-à-dire d'absence du président de la République à son poste et des réponses conséquentes à cette situation. La Cour constitutionnelle est de ce fait anticonstitutionnelle.

Le rite du crime d'État post-électoral

Rite signifie : usage, coutume. Il renvoie à l'ordre et à la manière d'observer un cérémoniel. Il est utilisé pour exprimer tout acte répétitif. Ce que nous appelons ici *rite du crime d'État post-électoral* est une dynamique spécifique de la violence d'État qui a lieu après chaque élection présidentielle consécutivement à l'annonce des résultats dans certains pays notamment d'Afrique centrale. Cette dynamique fait penser à un rite de par son caractère répétitif, aussi de par son caractère planifié et cérémoniel avec un ordre défini qui rappelle un rituel : élections, falsification, proclamation, contestation, extermination, contentieux, arbitrage de la Cour constitutionnelle, dialogue, révision constitutionnelle. Le crime rituel d'État post-électoral est un crime de masse perpétré par l'État et commis au lendemain des élections présidentielles suite à une contestation des résultats. Il est en propre un coup d'État au sens où l'entend Michel Foucault, à savoir, « en tant qu'initiative et action prise par l'État lui-même ». À cause de cela, on qualifie le crime en question de « terrorisme d'État ». Cette expression nomme « la violence de l'État vis-à-vis de sa population » (Castelo Branco, 2013). Le crime d'État post-électoral appartient au genre de crimes qui « commencent lorsqu'un pouvoir décide que certains n'ont plus le droit de figurer parmi les humains ni au nombre des vivants et que le massacre est érigé en politique [contre le choix du peuple] » (Hartmann, 2012). Pierre Bourdieu conçoit le rite comme un acte de magie sociale. De nombreux chercheurs conviennent que « le rite est un instrument d'ordre social ». Marc Bessin insiste sur cet aspect lorsqu'il dit que « le rite a une fonction anthropologique de mise en ordre ». Dans le cadre du rite du crime d'État post-électoral, le rite tend plus vers le contrôle social par l'intimidation, l'extermination et la terreur. Et si le rite est un instrument visant à susciter ou à maintenir l'ordre social, dans le cadre du rite du crime d'État post-électoral, cet ordre procède du chaos selon le processus de l'émergence en fonction duquel, un système de l'intérieur s'autogénère et crée un nouvel équilibre à partir du chaos. Le chaos provient de ce que le rite du crime d'État post-électoral est un acte cérémoniel de transgression qui institue et auto-consacre une autre personne que l'élu du peuple comme président de la République. En général, on institue et auto-consacre le président sortant. Ceci est un acte transgressif qui fait fi du vote du peuple de même que de son choix. Le rite du crime d'État post-électoral transgresse les normes du rite électoral par lequel la société se réunit pour élire son représentant suprême selon le rite du contrat social en vertu duquel chacun abandonne un peu de sa liberté et de ses prérogatives au nom de l'intérêt général. Le rite du crime d'État post-électoral est une entorse au rite de la présidentielle, le seul rite qui unit le peuple en réactivant son imaginaire à travers les questions suivantes : « Que voulons-nous faire ensemble ? Où voulons-nous aller ? » (Euvé, 2017). À quoi peut servir à un État de tuer son peuple alors que sa raison d'être est de le protéger et de créer l'épanouissement de tous selon la logique du contrat social c'est-à-dire du consentement de tous à vivre ensemble sous le régime du droit ? Fabrizio Sabeli indique que « le rite permet l'accomplissement de cet acte de magie sociale qui consiste à relier sur le plan des représentations sociales, institution, consécration et légitimation ». Selon cette potentialité rituelle, le rite du crime d'État post-électoral est pratiqué par un gouvernement afin d'instituer, de consacrer et de légitimer par le biais de la force et du crime de masse une autorité dépourvue de légitimité. La légitimité étant entendue ici comme octroi du pouvoir par le peuple librement et démocratiquement consenti. La réponse contre le crime rituel d'État post-électoral ne peut être que le rite de la résistance du peuple contre l'État. Comme le dit Castelo Branco, « si l'État porte la violence à sa racine, la résistance au pouvoir doit viser l'élimination de l'État lui-même et du terrorisme d'État » avec pour enjeu, la préservation de la vie. Il faut que justice soit faite. Elle passe par un refus de l'impunité, par la reconnaissance par l'État de ses crimes, par le dialogue et la réconciliation. Comme le souligne Florence Hartmann, « l'impunité, que l'instauration de l'extrême violence a érigée en règle, est la condition préalable des pratiques de cruauté et ne peut, par conséquent, être en aucun cas la réponse aux violences collectives. La combattre ne se résume pas seulement à punir les coupables mais consiste tout autant à signifier clairement à l'ensemble de la société que cette violence extrême a procédé d'une inversion des normes et que les normes sont désormais rétablies. C'est pour toutes ces raisons que l'acte judiciaire est l'une des étapes indispensables de la gestion de sortie des conflits » (Hartmann, 2012). Pour cela, l'État doit sortir du dénie de culpabilité. En effet, « la transition à la suite des violences collectives ne peut donc faire l'économie du déliement de l'État de ses crimes, au même titre que l'individu, auteur de crimes, doit se délier de ses actes monstrueux pour réintégrer la communauté humaine. À défaut d'un tel rebasculement collectif dans la normalité, la confiance des victimes envers l'État et la société qui leur ont infligé leurs souffrances, indispensable à toute réconciliation, ne pourra pas être rétablie. C'est donc bien tout un processus au cœur de la société actrice et complice des crimes de masse qui doit être entrepris afin de combattre le refoulement programmé et l'engagement de toute ou d'une grande partie de la société contre la reconnaissance des torts commis et des torts subis. Sans doute ne faut-il pas seulement de la justice mais aussi de la pédagogie pour rendre véritablement justice » (Hartmann, 2012). Le refus du dénie de culpabilité est un préalable au dialogue nécessaire et incontournable. Un dialogue qui a pour principal objectif de discuter et de répondre aux questions suivantes : « qui, quoi, pourquoi, où, quand, comment ». Qui est le bourreau ? Qui est la victime ? Pourquoi le bourreau a-t-il tué ? Le dialogue n'est pas un rassemblement pour découpage de gâteau visant à congratuler et à légitimer les auteurs de la violence en en demandant encore plus de violence, juste pour se voir les poches garnies ; le dialogue est un dispositif « visant à rendre justice et à établir la vérité des faits au sein d'État ou de société ayant été confronté à des violences de grandes ampleurs » (Chaouad, 2012.). Son ambition est d'aboutir à la pacification de la société afin de permettre la coexistence de populations ayant été confrontées à la violence d'État liée à la nature dictatoriale des régimes en place. Le dialogue a pour objectif, d'aboutir à la réconciliation. Celle-ci « est bien une histoire de mémoire qui aurait été apaisée, une histoire donc de pages qu'il faut tourner à condition de les avoir lues, pour s'en souvenir, pour que nul ne puisse les oublier. Seule cette lecture aide à comprendre la dynamique spécifique de la violence et à en pénétrer ses mécanismes pour en dissuader la répétition. Seule cette lecture permet au final la connaissance et la reconnaissance des torts commis et subis » (Hartmann, 2012). Mais cette réconciliation n'est pas le souhait d'un régime politique basé sur la division, la séparation et l'exclusion. « On ne se réconcilie pourtant pas avec quelqu'un qui continue à nous faire du tort. Il faut que le tort cesse pour envisager la réconciliation. Ce sont la fin des injustices et la reconnaissance des torts commis et des torts subis par l'ensemble de la société qui a basculé dans la violence collective qui mènent à la réconciliation, et non l'inverse » (Hartmann, 2012). « C'est le travail de deuil qui, au fil du temps, referme les blessures. Or, on ne peut faire le deuil d'une action criminelle qui se poursuit dans le présent, même si les moyens mis en œuvre ne revêtent plus le même degré de violence et de cruauté » (Hartmann, 2012).   La principale préoccupation est de faire la lumière sur les violences de système et de rétablir la dignité des victimes par la reconnaissance publique des torts subis, tout en offrant à ceux qui les ont commis une occasion de reconnaître leur faute : reléguer le passé au passé tout en conservant la mémoire dit Hartmann. D'où l'importance de la reconnaissance officielle des torts à travers des excuses publiques. Comme l'explique Florence Hartmann, « la reconnaissance officielle et solennelle des crimes par un chef d'État, sous forme d'excuses ou d'actes de repentance ou de contrition, paraît essentielle pour marquer le détachement définitif d'un État de ses crimes et permettre à une société de s'affranchir des tabous et de s'engager dans la construction d'une mémoire collective, ciment du vouloir-vivre ensemble. » (Hartmann, 2012). Pour le refus du rite du crime d'État post-électoral, « dire ce qui s'est passé, le reconnaître, l'affronter, le digérer, l'enseigner, démonter les mécanismes de l'imaginaire qui ont été produits pour entraîner une participation massive à la destruction d'autrui est un travail de longue haleine, qui ne produit ses effets qu'à long terme. En faire l'économie ou le suspendre en cours de route en appelant à tourner la page, c'est semer les fruits de nouveaux passages à l'acte. Tenter d'interrompre l'action du passé dans le présent sans se soucier de savoir si le présent n'est pas le théâtre d'une version édulcorée du passé violent, c'est aussi condamner tout espoir de réconciliation » (Hartmann, 2012).

Références

Bessin Marc. Le recours au rite : l'exemple du service militaire. In: Agora débats/jeunesses, 28, 2002. Rites et seuils, passages et continuités. pp. 34-45.

Sabelli Fabrizio, Le rite d'institution, résistance et domination. In: Actes de la recherche en sciences sociales. Vol. 43, juin 1982. Rites et fétiches. pp. 64-69.

Robert Chaouad, « Le temps du pardon », Revue internationale et stratégique 2012/4 (n° 88), p. 49-57.

Jacques Derrida, Pardonner. L'impardonnable et l'imprescriptible, Paris, Galilée, coll. «La philosophie en effet », 2012.

Florence Hartmann, « Juger et pardonner des violences d'État : deux pratiques opposées ou complémentaires ? », Revue internationale et stratégique 2012/4 (n° 88), p. 67-80.

Guilherme Castelo Branco, « État et crime. Extermination, intimidation, exclusion », Rue Descartes 2013/1 (n° 77), p. 112-120.

Entretien avec Stéphane Rozès, Propos recueillis par François Euvé « Le rite de la présidentielle et l'imaginaire français », Études 2017/4 (Avril), p. 31-42.

Les crimes rituels

Au mois de juillet 2005, s'est tenu à Libreville au Gabon, un colloque sous-régional consacré aux causes et moyens de prévention des crimes rituels. Organisé par l'Unesco, ce colloque a réuni des acteurs venus de différents pays d'Afrique centrale touchés par le phénomène des crimes rituels.

Essai de définition

Pour essayer de définir ce phénomène, on peut dire que les crimes rituels sont des meurtres perpétrés conformément à un rite (par exemple prélever sur une victime vivante les organes consacrés en lui faisant subir le maximum de violence possible pour lui arracher des cris qui libère semble-t-il sa force vitale). Plus la victime souffre, pousse des cris, mieux c'est. Le crime est dit aussi rituel lorsqu'il a pour cause et effet un rite. Ce crime est plus qu'un crime de sang puisqu'il obéit à une logique sacrificielle. Il est ainsi défini du point de vue fonctionnel en considérant la fonction où le rôle que joue le meurtre avec prélèvement d'organes dans une chaîne mystico-spirituelle. La définition que nous déclinons ici découle de la réponse à la question du « pourquoi ? » le meurtre. Ou du moins à la question de savoir quelle est la fonction de cette décharge de haine, de cruauté et d'inhumanité.

Conformément à sa cause, à ses effets ainsi qu'à sa fonction, nous définissons le crime comme rituel. De manière évidente, nous identifions ce crime par le prélèvement d'organes sur les victimes dont on soupçonne la souffrance qui a précédé l'instant de leurs morts. Vu ainsi, le crime rituel est un sacrifice humain. Toutefois, les crimes dits rituels ne sont pas tous aussi spectaculaires. Par exemple, Awazi Mengo Meme fait état d'une forme douce et discrète de crimes rituels ou de sacrifices humains. Si les sacrifices auxquels on est habitué sont de types violents, « il existe cependant plusieurs autres formes de sacrifices dont on parle très peu parce que l'objet de très peu de publicité. C'est le cas notamment de l'amputation d'un membre, du don de la fécondité, de l'étourdissement ou don de la conscience ou encore du don de l'honneur ou de la dignité » (Mengo Meme, 2005). « Dans la première forme, l'amputation d'un membre, l'homme sacrifie un membre, généralement un doigt, une jambe, un orteil, une oreille, un œil, de lui-même ou d'un *membre de famille* à une divinité donnée ». Ainsi, au lieu par exemple de mutiler, beaucoup sacrifient le mental de leurs enfants.

Un fléau social, une impunité sociocide

Dans les pays où les crimes rituels sont perpétrés, comme par exemple au Gabon, il règne une impunité totale. André Obame montre que dans ce pays, « les auteurs, parfois connus de ces actes criminels, jouissent d'une parfaite impunité » (Obame, 2005). C'est pourquoi André Obame suppute qu'une telle impunité ne peut s'expliquer que par l'existence d'une organisation secrète du crime. Parce que tout le monde peut être victime des pratiques criminelles instituées semble-t-il depuis les hautes sphères de la société, cette dernière est menacée d'extinction. Aussi André Obame pense que du fait de l'impunité, la société gabonaise est condamnée. « Au rythme, dit-il, où se développe la pratique de sacrifices humains, au vu de l'indifférence des pouvoirs publics et de l'impunité qui la caractérise, il nous semble que la société qui est la nôtre est malade et donc à terme condamnée à s'autodétruire ». On peut laisser se poursuivre cette pente *sociocide* ou dénoncer le phénomène des crimes rituels, en faire un problème et faire prendre conscience du phénomène même si certaines considérations semble-t-il au nom de l'image du pays ordonnent de ne pas en parler. Dominique Essone Etome considère le phénomène des crimes rituels comme un véritable fléau qu'il faut dénoncer. Dénoncer pour « en faire un problème social, et emmener ainsi les sociétaires à sa prise de conscience ». La dénonciation des crimes rituels est une première étape vers la résolution du problème. Tant que les Gabonais resteront muets, insensibles, inhumains face au problème que posent les crimes rituels, ces crimes ne seront pas un problème, donc ne seront jamais résolus. Dominique Essone Etome explique cela en disant que « tout phénomène qui n'arrive pas à la conscience sociale pour susciter les émotions vives n'est pas encore un problème » (Essono Etome, 2005). Or, on ne résout que des problèmes.

Raison du problème : la réussite facile

L'ensemble des participants au colloque de Libreville de juillet 2005 sur les crimes rituels sont unanimes quant aux raisons qui poussent à la suppression violente et cruelle de l'altérité à des fins rituels : la promotion par la société de la réussite facile, l'accumulation des biens matériels et des faveurs de la vie autrement que par l'effort, la patience et la compétence. Auguste Moussirou-Mouyama interpelle par la question suivante : « Les crimes rituels ne sont-ils pas la consécration des modèles que la société a donné à lire quant à la réussite sociale ? ». Au nombre des réponses, on observe que « les crimes rituels, sont généralement le fait des personnes (personnalités) fort ambitieuses qui entendent acquérir pouvoir, promotion ou confirmation de leur statut autrement que par leur compétence et la force de leur travail » (Obame, 2005). Il y a également l'idée que « le sacrifice rituel a ceci de particulier qu'il est destiné à soutenir la promotion sociale de ceux qui le pratiquent » (Essono Atomo, 2005). Aussi « Pour briguer les sommets de l'échelle sociale, le sacrifice rituel est requis et devient un raccourci » (Essono Atomo, 2005). Au fondement des crimes rituels, il existerait un secret directement en lien avec l'accumulation des richesses et des biens matériels. Awazi Mengo Meme en fait état. Il explique qu'« il existe un secret qui n'est pas très courant et qui se cache derrière les mutilations sexuelles [...] Il paraît que le clitoris de votre fille, de votre sœur, de votre mère, mélangé à des produits que seuls les initiés connaissent, procure de la richesse : écoulement rapide des marchandises, de la chance dans le commerce, etc… » (Mengo Meme, 2005).

Causes des crimes rituels

D'où vient cette propension effrénée vers la réussite facile ? Plusieurs facteurs permettent d'expliquer la pratique des crimes rituels : l'ignorance, la pauvreté, la concentration du pouvoir. Pour Dominique Essono Atome, le sacrifice rituel est le fait de l'ignorance. Il est proprement un culte voué à l'ignorance. L'ignorance que l'on peut obtenir la réussite sans causer préjudice à autrui. Fait de l'ignorance, les crimes rituels sont aussi le fait de la pauvreté. Il y a un lien causal entre pauvreté et crimes rituels. De ce point de vue, « la pratique du sacrifice rituel est contigüe à la pauvreté » (Essono Atome, 2005). Contiguë à la pauvreté, la pratique des crimes rituels l'est également à la concentration du pouvoir. Dominique Kahanga effectue ce rapprochement en observant que « le recours aux sacrifices humains pour renforcer ou asseoir le pouvoir est beaucoup plus accentué dans les pays où le pouvoir est plus concentré dans les mains d'une personne qui le distribue au gré de ses sentiments, à qui il veut » (Kahanga, 2005).

Fondement culturel des crimes rituels

L'ignorance, la pauvreté, la concentration du pouvoir sont à quelques niveaux les causes dont les effets sont les crimes rituels. Toutefois, ces pratiques resteront inintelligibles si l'on ne prend pas en compte la dimension culturelle de l'affaire. Les crimes rituels sont un fait culturel. Au fondement culturel de ceux-ci il y a :

- L'éducation traditionnelle fondée sur l'initiation.

-L'éducation traditionnelle basée sur les connaissances mystiques ou ésotériques.

- La recherche effrénée de la supériorité sur tous les plans et de la richesse.

- Le but commercial (envoûter quelqu'un pour un tiers moyennant espèces sonnantes et trébuchantes).

- La volonté de garantir un avenir meilleur à son enfant héritier.

Quelques exemples de crimes rituels

1. Talimbi (Centrafrique)

« Le talimbi désigne précisément le sorcier qui, par des procédures mystiques, attire sa victime et l'emporte dans les profondeurs des eaux, la fait ressortir dans un endroit caché. C'est alors que commencent les sévices, les tortures, les scènes d'humiliation. Le martyr consiste à verser de l'eau très chaude sur tout le corps, à couper l'organe génital, les doigts des mains et les orteils, les poils du pubis, les touffes de cheveux et le bout de la langue de la victime. Le talimbi n'est pas anthropophage mais il agit et tue dans le cadre d'un rituel initiatique, puisqu'il jette le corps de la victime dans l'eau après les sévices » (Dambale, 2005).

2. Avalega (Fang)

« Un sorcier s'empare d'un enfant, lui donne un mets magique, et le soumet à un pacte du genre : « Tu auras dix femmes, trente enfants, en revanche, tu me donnes ta mère », lui exige un sacrifice d'un membre de sa famille, son père, sa sœur ou son frère. L'enfant ne s'exécutant pas tombera malade. Pour le soigner, c'est-à-dire, le déconnecter de son agresseur, il faut faire, non plus un sacrifice humain, mais celui du bétail » (Essono Atomo, 2005).

3. *Ditengu (Punu)*

« Ici le «vampireux» tue et/ou mange mystiquement sa victime afin de contrôler, par quelqu'alchimie ou autre procédé dont lui seul détient le secret, l'esprit de la victime et acquérir ou renforcer ainsi puissance, prestige, pouvoir, etc » (Obame, 2005).

4. *Akwuuna (Obamba)*

« C'est un état d'âme, psychologique en vertu duquel l'homme jouit de la faculté de dédoublement [...] il circule dans tout le village ou au-delà du village [...] chercher une victime humaine pour que sa chasse, pêche ou autre activité économique ou politique soit fructueuse » (Alihanga, 2005).

5. *Mbumba (Myéné, Tsogo, Punu...)*

Fétiche, talisman de puissance nécessitant pour être fabriqué le sacrifice d'un être humain. « Le *mbumba* se présente généralement sous forme d'onguent dans la composition duquel entrent différents ingrédients : argile, plumes, bois de padouk, cerveau, langue et os frontal du mort, etc. ; sa puissance peut s'épuiser et demander une réactivation. La détention d'un *mbumba* permet d'obtenir de nombreuses richesses et d'accéder à de hautes fonctions » (Fromaget, 1986).

Pistes de solution au problème des crimes rituels

1. Réduction des inégalités et promotion des intelligences : « Une réduction des écarts de salaires ou une véritable mise en valeur de la fonction intellectuelle constituerait un frein au phénomène de crime rituel » (Essono Atomo, 2005) .

2. Endiguer la pauvreté : « la lutte contre la pauvreté ne serait-elle pas l'arme idéale pour combattre les crimes rituels et éradiquer les conflits en Afrique ? En endiguant la pauvreté, ne pourra-t-on pas, par le même coup, mettre fin aux pratiques rituelles criminalisées, parce que l'on aura satisfait aux besoins matériels derrière lesquels courent les hommes et on aura créé une société de justice et d'égalité ? » (Mengo Meme, 2005).

3. Promouvoir la démocratie : En Afrique où « le pouvoir se nourrit de sang humain » (Essono Atome, 2005), « une démocratisation de l'exercice du pouvoir réduirait à notre humble avis un recours trop prolongé au stratagème occulte » (Kahanga, 2005).

4. L'identification des criminels par des moyens techniques et scientifiques (police scientifique).

5. Rendre l'impunité impossible.

Références

Actes du colloque sous régional cause et moyens de prévention des crimes rituels et des conflits en Afrique centrale, Libreville 19-20 juillet 2005.

Fromaget Michel. Aperçu sur la thérapeutique du conjoint invisible chez les Myéné du Gabon. In: Journal des africanistes, 1986, tome 56, fascicule 1. pp. 105-112.

La violence scolaire au Gabon

20 décembre 2016 : Un élève du lycée Léon-Mba succombe à une agression à l'arme blanche d'un de ses condisciples.

3 mars 2017 : Agression en bandes organisées au sein du complexe Léon Mba.

19 juillet 2017 : L'Unicef et la direction générale des Œuvres scolaires s'inquiètent du taux de décrochage scolaire au Gabon. Une situation qui aurait plusieurs conséquences néfastes dans la société.

19 juillet 2017 : Le Comité de lutte contre le sida du ministère de l'Éducation nationale (Colusimen) lance une action visant à sensibiliser les candidats au baccalauréat sur les violences en milieu scolaire en leur distribuant des flyers et des tee-shirts dans les centres d'examen de Libreville.

Septembre 2017 : L'agence gabonaise de sécurité scolaire (AGASS) teste un dispositif de fouille systématique à l'entrée des établissements.

16 octobre 2017 : Le ministère de l'éducation nationale envisage l'affectation d'agents de police au sein des établissements pour endiguer de manière durable l'insécurité en milieu scolaire.

23 novembre 2017 : Des élèves entrent en transe collective au lycée public de Cocobeach.

1er décembre 2017 : A Oyem, un élève assassine un autre pour 0.76 centimes dans un établissement de la place.

4 décembre 2017 : La Fédération nationale des associations des parents d'élèves et étudiants du Gabon (Fenapeg) déclare qu'il ne se passe plus un jour sans que l'on enregistre, dans un établissement scolaire, un cas d'agression sur des élèves ou des enseignants. Avec, parfois, mort d'homme.

11 décembre 2017 : Une jeune élève est violemment agressée avec une arme blanche par sa camarade de classe au Lycée Quaben de Libreville. L'arme du crime serait un compas.

08 Janvier 2018 : La convention nationale des syndicats de l'éducation nationale (Conasysed) dénonce la montée de la violence dans les établissements scolaires.

La violence en milieu scolaire n'est qu'un problème *micro* qui reflète un dysfonctionnement *macro*. Dans un pays marqué par le tout répressif, on peut comprendre que le répressif n'est pas fait pour résoudre les problèmes, mais pour se voiler la face et opter pour la facilité. On a besoin de plus de pédagogie afin de transformer les hommes et de promouvoir ce qu'il y a de meilleur en eux, ce qu'il y a de meilleur dans la société de sorte que la violence ne demeure pas le modèle privilégié auquel se réfèrent les jeunes. Surtout dans un pays comme le Gabon classé au 7ème rang des pays les plus dangereux du monde. On ne comprend pas une telle décharge de violence. Et encore plus lorsqu'on suspecte que cette violence soit promue et entretenue par les hautes instances mêmes. On ne voit pas pour quelle raison on sacrifierait le Gabon à l'autel de la dépravation des mœurs et de la malveillance. En milieu scolaire, il est étonnant que l'on parle plus répression au lieu de penser à ce qui est naturel à ce milieu à savoir : l'éducation et la pédagogie. Dans un commentaire à l'article de Jean-Timothée Kanganga sur le sujet, on peut lire ceci : « Encore une fois c'est la répression comme seule réponse à des problèmes de société qui demandent à être traités avec intelligence. De plus, je suis sensible à la légalité des fouilles systématiques sans le moindre contrôle judiciaire. Que se passerait-il, si un élève, fort de son droit, refusait cette fouille ? Il serait sans doute privé d'éducation et donc renvoyé dans la rue à l'école de la délinquance ou vers l'esclavage salarié » Diogène. Dans le même ordre d'idées que Diogène, Monique Castillo soulève le problème de la façon suivante : « Que la violence s'érige en contre-culture à l'intérieur de lieux de culture, et cela, dans une époque qui préfère les solutions éducatives à la méthode répressive dans la formation et l'insertion des jeunes, est assurément un phénomène socioculturel inquiétant sur lequel il convient de s'interroger ». Il faut s'interroger sur le sens de la violence et apporter les solutions relatives à l'interprétation de ce sens. Cela signifie comprendre (compréhension), élaborer des solutions (élaboration), les mettre en œuvre (mise en œuvre), et évaluer (évaluation) ces solutions au vu des résultats engrangés pour de plus en plus isoler le problème et le résoudre de manière satisfaisante. L'une des solutions qui nous viennent à l'esprit consisterait à déjà ramener les effectifs pléthoriques (200 élèves par classe) a des classes pédagogiquement équilibrées (de 15 à 30 élèves) dans des environnements de travail favorisant l'épanouissement, la santé morale des enseignants et des apprenants. On peut également constituer des équipes pédagogiques qui réuniront enseignants, personnels administratifs, assistants d'éducation, psychologues, assistantes sociales, conseillers d'insertion et d'orientation autour de projets de pédagogie innovante. Pourquoi pas par exemple un cours de pédagogie par problème où les élèves conviés à ce cours auront justement à réfléchir en grandeur nature à la résolution du phénomène qui les préoccupe de prime abord. Cela aura pour effet de les responsabiliser et surtout de les valoriser, donc de développer un sentiment de sécurité intérieur, un savoir être qui aura une incidence positive sur l'agir. Déployer des activités de collaboration inter-établissements de manière à faire travailler les élèves de divers établissements autour de causes communes. Ouvrir des postes salariés à temps partiel aux élèves. Encourager les stages et développer une politique de stages. Et cela pour faire écho aux travaux de Judith Mussavu-Mussavu sur les enfants de la rue à Libreville. Alain Vulbeau rapporte ces derniers et dit que « comme les équipements et le personnel scolaires sont en nombre insuffisant, l'organisation des études se fait par demi-journées : il y a les élèves du matin et les élèves de l'après-midi. La pratique courante des enfants est de ne pas trop informer leurs parents de cette répartition et d'en profiter pour sortir du domicile toute la journée. La moitié du temps est consacrée à la scolarité alors que la seconde moitié se passe dans la rue, en général pour exercer une activité rémunératrice comme porter les valises des touristes qui sortent des gares. D'autres enfants se retrouvent à la rue du fait de l'absence de ressources de leur famille. L'auteur décrit l'absence de protection sociale et le déclin des solidarités familiales qui amènent chaque membre de la famille à chercher ses propres moyens de survie. Dans ce cas, on retrouve aussi pour l'enfant l'exercice de petits métiers afin d'apporter un complément de ressources que seule la rue peut assurer ». On peut aussi penser à insérer les victimes de violences et leurs agresseurs dans des dispositifs d'accompagnement au sein de cercles de parole selon des modalités à concevoir. Impliquer l'ensemble des acteurs concernés par la gestion partagée du problème de la violence en milieu scolaire. Inviter les parents dans un mouvement commun de résolution du problème. La télévision gabonaise qui se met en marge des problèmes de société pour on ne sait quelle raison manquant ainsi à son rôle d'éducation aura une partition plus que majeure à jouer ici. Former les équipes d'accueil à la gestion des conflits en milieu scolaire dans l'optique de pacifier le climat des établissements scolaires. Revaloriser l'image positive des enseignants auxquels s'identifient en premier les élèves. Plus on dévalorise l'image de l'enseignant, plus on enclenche un mécanisme qui impacte le comportement des élèves de manière négative. L'une des conséquences possibles est l'augmentation du taux d'échec et de redoublement déjà incroyablement importants au Gabon. Laurence Thouroude montre la forte corrélation entre échec scolaire et comportements violents. Il s'agit alors de renverser la tendance vers de meilleurs taux de réussite et d'insertion. Car « la violence scolaire ne se réduit pas à une violence importée de l'extérieur, mais qu'elle peut être produite ou aggravée par le contexte scolaire lui-même » Thouroude (2011). « Le manque de clarté et l'injustice dans l'application des règles figurent en première position avec l'instabilité de l'équipe enseignante. En outre, l'absence d'un règlement clair et cohérent, ainsi que le sentiment d'injustice par rapport aux sanctions contribuent à créer un climat scolaire propice au développement de comportements déviants ». D'après Thouroude, l'accumulation des exclusions et des punitions sur les mêmes élèves cristallise le sentiment d'injustice de ces élèves et contribue à la fabrication de noyaux durs de la violence scolaire. Plus on banalise la punition et la sévérité, plus on entretient la violence scolaire et la création de noyaux durs qui développent des comportements antisociaux et les propagent. Laurence Thouroude à mener une recherche auprès des assistants d'éducation confrontés à la gestion des conflits en milieu scolaire. Il ressort de ses travaux que les personnes impliquées dans la gestion des conflits en milieu scolaire sont : les élèves, la hiérarchie de l'établissement, l'équipe éducative et les parents d'élèves. Les motifs des conflits étudiés concernent la violence envers un adulte, la violence à un pair, les conflits qui portent sur l'organisation du travail, les conflits qui portent sur la relation entre professionnels et les conflits qui portent sur la relation envers les parents d'élèves. Les modes de gestion en réponse aux conflits déclenchés sont : l'appel à la hiérarchie, dialogue avec l'élève, exclusion de l'élève, médiation d'un tiers, sanction, rapport écrit, appel à l'équipe pédagogique, appels aux parents, intervention de la police (cas rare). L'évaluation à l'issue du conflit montre un effet positif de l'appel à la hiérarchie, un effet négatif du dialogue direct avec l'élève incriminé de la part de l'enseignant, un effet mitigé en cas d'exclusion de l'élève. L'exclusion n'apparaît pas comme une solution satisfaisante car elle vient redoubler l'exclusion sociale. Elles sont toutes deux génératrices de violence. À titre d'exemple, s'agissant de la présence de la police dans les établissements scolaires où à leurs abords, en France, le ministère de l'éducation nationale, le ministère de la justice et le ministère de l'intérieur ont élaboré en 2006 des réponses clarifiant notamment les compétences qui concernent la police et celles qui relèvent du chef de l'établissement. Sont de la compétence des responsables de la structure scolaire le non-respect au règlement intérieur, l'agressivité verbale, le manque d'assiduité... Sont de la compétence des enquêteurs et du parquet l'atteinte aux personnes et à la dignité, le vol, les dégradations, les détentions d'armes, racket, détention, usage et trafic de stupéfiant.... En ce qui concerne les fouilles, le chef d'établissement ne peut effectuer des fouilles « parce que la fouille d'une personne est un acte contraignant qui ne peut être réalisé que par un officier de police judiciaire [...]. En revanche, le chef d'établissement peut effectuer ou faire effectuer des vérifications visuelles dans les sacs ou cartables. C'est ainsi qu'en cas de forte suspicion pesant sur un élève qui pourrait être porteur d'un objet illicite ou dangereux, ou en possession d'un objet dont il ne peut justifier la propriété, le responsable de la communauté éducative peut demander l'ouverture du cartable, sac ou casier individuel, ou encore à se faire présenter le contenu des poches ».

« Dans le cas d'une rumeur d'affrontement avec utilisation d'armes (par nature ou par destination), les entrées des élèves sont sécurisées momentanément par un filtrage et par un contrôle visuel du contenu des sacs ou cartables, comme cela se pratique aux entrées des centres commerciaux ou des lieux recevant du public par les agents de surveillance ».

« Devant le refus de l'élève de montrer le contenu de ses poches, de son sac ou de son cartable alors que pèsent sur lui des présomptions de vol ou de recel, le chef d'établissement fait appel au service de police ou à l'unité de gendarmerie compétente. Les policiers ou gendarmes dépêchés sur place prendront toutes mesures utiles au règlement de la situation et feront appel, le cas échéant, à un officier de police judiciaire ».

« En cas de découverte d'un objet dangereux, le chef d'établissement ou son représentant demande sa remise à la personne en cause, en prenant toutes les précautions de nature à préserver son intégrité physique ou celle d'autrui. Cette appréhension provisoire de l'objet est réalisée en veillant, si possible, à ne pas détruire les traces et indices qui pourraient être utiles aux enquêteurs. Un chef d'établissement ne peut conserver un bien appartenant à un élève ». Selon les cas, après confiscation, ces biens doivent être remis :

- aux forces de police ou gendarmerie (arme, produit illicite (drogue, alcool, …))

- à la famille (objets personnels),

- à l'élève, après notification du non-respect du règlement intérieur et avertissement, punition ou sanction éventuelle.

Fabienne Massica qui a travaillé sur la relation entre l'éducation nationale et la police montre que l'ouverture de l'école à des opérations de police pour des actes et des motifs sans rapport avec la vie dans les établissements fait perdre à l'éducation nationale son indépendance et son identité car l'école est d'abord considérée comme un sanctuaire inviolable. Ainsi lorsqu'en 1998 en France, lors d'une opération nationale de sécurisation aux abords des établissements scolaires, la police procède à un contrôle d'identité massif, des fouilles collectives… « Syndicats de magistrats, enseignants et fédérations de parents d'élèves dénoncent énergiquement cette action qui s'inscrit dans une logique d'une coopération qui dépasse de loin l'objectif affiché de sécurisation des écoles ». Monique Castillo définit la violence scolaire comme un ensemble de « comportements ouvertement antisociaux, parfois d'une extrême brutalité, de la part de populations de plus en plus jeunes ». Pour elle, la violence en milieu scolaire est une guerre de signes. Ce qu'Eric de Rosny explique en disant qu'elle s'assimile à un mode de communication qui livrerait un message, à savoir la révélation des injustices sociales. Castillo décrit la violence scolaire comme un mode de relation aux autres, à l'institution et à soi-même. Elle distingue trois actions violentes en contexte scolaire.

- L'incivilité : grossièreté affichée, insolence, invectives, insultes et coups (à l'adresse des condisciples ou du professeur), explosion d'impatience ou de rage. L'incivilité est une microviolence quotidienne et imprévisible.

- La violence organisée et finalisée : le vol, le viol, le vandalisme ou des activités prohibées. C'est alors la violence extérieure qui fait irruption dans l'école (marché de la drogue, règlements de compte entre bandes rivales…).

- La guerre des symboles, qui s'attaque aux signes extérieurs de la réussite et de l'autorité, de la puissance publique en général, en vue de provoquer (ou révéler) la crise de confiance en soi d'une culture. Elle s'intensifie au fur et à mesure que sont importés dans l'école les conflits qui agitent le monde ou la société.

L'incivilité révèle en profondeur une crise de l'autorité parentale. La violence organisée est liée à une volonté de promotion sociale, une quête de l'estime de soi. Comme l'indique Monique Castillo, « l'irruption de la violence organisée dans l'école (racket, drogue, agression armée) reste un phénomène rare mais particulièrement choquant en ce qu'il signifie que l'école ne protège plus de la violence du dehors. Une autre loi s'invite sans scrupule et s'impose dans l'enceinte de l'établissement, en réquisitionne l'espace et en marginalise les règles propres : la loi de la violence érigée en instrument de promotion parallèle (bandes, trafics, réseaux mafieux) ». La violence symbolique révèle quant à elle une crise de légitimation de l'autorité publique. « La guerre des symboles est [...] de nature mentale et morale plutôt que physique dans la pratique de la violence : l'humiliation d'un professeur ou la dégradation d'un bâtiment public, par exemple, en tant que représentants d'une puissance d'action culturelle dont on s'estime soi-même exclu, participent d'une telle guerre du sens. Une guerre du sens agit avec les mots contre les mots, comme pouvoir d'en déstabiliser en permanence le sens » Castillo (2010). De Rosny situe l'origine de cette violence dans le désenchantement général vis-à-vis d'une certaine forme de gouvernement. Notamment dans le fait de voir «

resurgir encore une conception dynastique de gouvernement qui rappelle la chefferie, laquelle n'a jamais disparu mais ne s'était pas étendue au gouvernement d'un État : révision de la Constitution pour permettre au chef d'État en place d'y demeurer à vie, transmission du pouvoir de père en fils », etc… Pour De Rosny, les autorités ne savent pas interpréter les signes ou feignent de ne pas le savoir. Il a par exemple étudié le phénomène de la transe collective dans les établissements scolaires africains. Il classe ce phénomène au titre des violences en milieu scolaire. En effet, pour De Rosny, « en Afrique centrale, Cameroun et Gabon, et également en Afrique de l'ouest, Burkina Faso et Sénégal, cette violence prend depuis quelques années et de plus en plus fréquemment la forme de transes de possession dans les milieux scolaires ». Ces transes collectives sont souvent le seul fait de filles. Aussi les attribue-t-on à l'émotivité de ces dernières. « On va envoyer ces élèves à l'hôpital, les rendre momentanément à leur famille, exclure éventuellement celle qui aurait entraîné les autres, sermonner toutes ces jeunes écervelées et les réintégrer progressivement dans leur classe. Tel est le processus le plus courant que les autorités scolaires font suivre à celles que l'on appelle des délinquantes, des têtes folles, des moutons de Panurge, des élèves surmenées à la veille d'examens… Aucun compte rendu, article de journal, rapport administratif, [...], ne fait état d'une recherche sur la portée du phénomène. Pourtant la tradition est là pour rappeler sa principale signification sociale : communiquer à la communauté des revendications impossibles à faire valoir par les voies ordinaires » De Rosny (2011). « Les transes traditionnelles permettent à une personne de dire publiquement à haute voix – par l'intermédiaire d'une voix autre que la sienne – ce qui est socialement indicible autrement ». La transe en milieu scolaire serait une forme de violence, manifestation collective d'une prise en otage des élèves à des fins de revendications communautaires. Pour de Rosny, la transe en milieu scolaire livrerait un message, à savoir la révélation d'une injustice. Et c'est peut-être là, le sens enfoui de la violence en milieu scolaire : « Tout se passe comme si les autorités ne voulaient pas entendre le message peut être embarrassant que pourtant ces élèves, faute sans doute d'un autre moyen, leur transmettent par cette forme violente de langage » De Rosny (2011). Pour Daniel Mbassa Menick, la violence en milieu scolaire et même faite aux enfants serait liée aux bouleversements que connaissent les sociétés africaines. « La société africaine, dit-il, est en pleines mutations, mutations qui remettent en cause les fondements de la société traditionnelle plus garante de la sécurité des enfants et de la stabilité des familles ». Selon Monique Castillo, l'avenir dépend de la manière dont sera traité le phénomène de la sécurité à l'école. Le traitement qui pourra être donné à la violence scolaire déterminera la figure et la fonction de l'école à venir. Lorsqu'on regarde les solutions qu'apportent les autorités gabonaises au problème, on voit que l'on évolue vers le tout coercitif ou le tout répressif sans chercher à comprendre le problème en profondeur pour le régler en profondeur. Car le problème de la violence en milieu scolaire est non seulement un phénomène scolaire, il est tout autant un phénomène public. Et le dilemme le voici : « si l'institution ne réagit pas, la violence gagne en impunité ; si elle riposte avec les mêmes armes, elle perd en légitimité. La violence agit alors moins par force que par ruse, cherchant à gagner à tout prix dans ce jeu pervers d'une délégitimation du pouvoir dont on profitera comme d'un état d'impunité » Castillo (2010).

Référence

Association sur la Sécurité et la Violence à l'École au Gabon (ASVEG).

Prévention de la violence : eduscol.education.fr/violence

Daniel Mbassa Menick, « L'enfance abandonnée, indicateur d'une psychopathologie sociale inattendue au Cameroun », Perspectives Psy 2014/4 (Vol. 53), p. 340-351.

Alain Vulbeau, « Les enfants de la rue au Gabon », Informations sociales 2010/4 (n° 160), p. 19-19.

Éric de Rosny, « Transes au lycée, en Afrique Centrale. Quand la tradition refait surface », Études 2011/4 (Tome 414), p. 451-462.

Monique Castillo, « La violence scolaire et la guerre des signes », Études 2010/10 (Tome 413), p. 319-329.

Laurence Thouroude, « Les assistants d'éducation et la gestion des microviolences au collège », Les Sciences de l'éducation - Pour l'Ère nouvelle 2011/1 (Vol. 44), p. 65-86.

Fabienne Messica, « École – police, le couple infernal, Journal du droit des jeunes 2006/5 (N° 255), p. 27-29.

Sauver la jeunesse gabonaise

Contre la délinquance juvénile et la consommation des drogues par la jeunesse gabonaise, le présent article donne un ensemble de suggestions allant dans le sens d'une prévention, protection et rééducation de l'enfance ainsi que de la jeunesse. La contribution laisse parler des spécialistes confrontés à ce genre de problématique. Le problème de la délinquance juvénile est accepté ici comme une crise existentielle généralisée née des nombreuses crises que connaît le Gabon en tête desquelles la crise post-électorale d'août 2016. La solution que l'on envisage ici est une solution socio-éducative.

La crise existentielle collective

Le problème de la délinquance juvénile apparaissant dans des proportions inquiétantes et quasi banalisées en un espace-temps donné peut être l'indicateur d'un mal-être généralisé. Sur ce point Véronique Le Goaziou rapporte les propos qui suivent : « sur certains des territoires où nous avons mené notre enquête, les acteurs politiques et les partenaires locaux sont assez enclins à penser que c'est moins la délinquance en tant que telle qui pose problème, mais davantage les difficultés socioéconomiques des habitants, des formes patentes d'anomie sociale et quelque chose comme une crise existentielle collective. Problèmes qui, selon les interlocuteurs rencontrés, nécessiteraient, d'une part, un travail éducatif de longue haleine auprès des jeunes et des familles, d'autre part, l'articulation des programmes et dispositifs de prévention de la délinquance à des politiques de revitalisation des territoires urbains ». Ce problème de mal-être vient au premier rang explicatif du refuge des jeunes dans des paradis artificiels. En effet, « un certain leitmotiv se dégage des entretiens que nous avons eus avec les usagers, celui d'un besoin de sensations fortes, d'une rupture, d'une fuite vers un espace imaginaire mille fois préféré à celui de la vie de tous les jours. Beaucoup de jeunes, au prix d'efforts considérables et parfois de souffrances, tentent d'échapper aux conditions de vie qui leur sont proposées ou qu'ils se préfigurent. L'avenir les inquiète, le présent ne les satisfait pas. C'est pourquoi un investissement parfois massif dans ce style de vie et ces consommations est susceptible, au moins pour un temps, de les distraire et de les satisfaire. » Ingold (2001).

Prioriser la jeunesse

Geneviève Fioraso préconise de mettre la jeunesse au premier rang des préoccupations politiques. Il convient alors de prioriser la jeunesse. « Prioriser la jeunesse oblige en effet à penser moyen et long terme, à mesurer les conséquences dans la durée des mesures que l'on préconise ». « D'une certaine manière, prioriser la jeunesse, c'est donner une direction et un sens à l'action politique ». « C'est aussi l'occasion de prendre un certain nombre de mesures en direction des jeunes pour leur donner les meilleures chances de choisir et maîtriser leur vie ». Quelles peuvent-être ces mesures ?

Le recours à des professionnels de la prévention

On peut développer le champ professionnel de l'animation, de l'accompagnement et de l'insertion. On peut aussi, parallèlement à des politiques de sécurité, développer des politiques de prévention de la délinquance pour pallier au tout autoritaire ou au tout répressif au profit de chantiers socio-éducatifs. Dans cette optique on peut chercher à avoir recours à des éducateurs de prévention spécialisé ou encore éducateurs de rue. Les éducateurs de prévention spécialisée accompagnent les jeunes et les familles dans les quartiers ou sur un territoire du point de vue administratif, scolaire, social et affectif. Ils s'attellent à « travailler sur les motivations des jeunes, leur rappeler les interdits et les règles du vivre ensemble, développer leur empathie envers leurs victimes ou envers les personnes qui subissent leurs nuisances, annoncer les risques encourus et parfois même les peines prévues par la loi ». « Au fond, les éducateurs de prévention spécialisée mettent très souvent des mots et du sens sur les actes et les comportements des jeunes, y compris les actes déviants ou délinquants. À ce titre, ils font partie des rares adultes qui parlent à ces jeunes et conservent langue avec eux, en dépit des comportements répréhensibles ou illégaux que ces derniers peuvent adopter. C'est pourquoi ils contribuent incontestablement à prévenir la délinquance ou à éviter sa réitération » Le Goaziou (2014).

La transmission intergénérationnelle

Dans l'optique de résoudre le problème que rencontrent les jeunes, quel rôle peuvent jouer les anciens dans la résolution de la crise ? Le retour d'expérience. Il s'agit d'inviter les anciens dans les salles de classe ou dans des lieux publics. Le dispositif consiste à favoriser la transmission d'expériences des générations précédentes aux générations suivantes au travers des récits de vie assortis d'éventuelles erreurs personnelles dans l'optique de prévenir les incidents critiques. Par exemple l'enchaînement de mauvaises décisions ayant amené à des situations de crises. Ce sera de la part des anciens, un dispositif de transmission de savoir, de savoir être et de savoir-faire. On peut également penser à des performances des contes qui transmettent des codes de valeurs par des grands-mères et des grands-pères en milieu scolaire. Ces derniers se sentiront revalorisés et utiles dans la nouvelle société qui tend à rompre avec tout ce qui est ancien. De l'autre, ce sera un capital culturel transmis aux jeunes en manque de repères.

L'Éducation maternelle

Ouvrir une filière d'éducation de jeunes enfants visant à former à partir du baccalauréat les professionnels de la petite enfance. « L'éducation et l'accueil des petits restent encore largement considérés comme faisant naturellement appel à des dispositions qui seraient innées aux femmes et ne nécessitant donc pas de formation particulière ». La première enfance est une période déterminante. Detry et Belhassen (2001).

Des lieux de culture et de jeu

La création de bibliothèques publiques, scolaires et universitaires.

« Les bibliothèques sont un service que le pouvoir doit à la collectivité, à l'égal de l'enseignement et de la défense » Lever (1989). Avec les bibliothèques, priorité est donnée aux livres. « Il n'existe pas d'autre voie que la lecture pour acquérir un savoir réel et il n'est pas de distraction plus heureuse. La lecture fait mieux comprendre qu'un professeur : un enfant de treize ans qui la découvre en est plus enthousiasmé qu'il ne l'aura été précédemment par la télévision » Lever (1989). « Ces [...] bibliothèques devront être construites chacune sur une dizaine d'hectares, dans un lieu central. Munies de centaines de cabines de lecture individuelles et d'immenses salles de lecture générale, elles nécessiteront des milliers de places de stationnement. Accueillant sans distinction chercheurs, étudiants, travailleurs, oisifs ou handicapés, elles devront être des lieux aérés, sereins, convenant à la méditation comme à la flânerie » Lever (1989).

La construction de ludothèques

« La mise en place et l'animation d'une ludothèque à l'usage des élèves et des enseignants sont des actions inscrites dans les trois axes principaux du projet d'école : améliorer les résultats scolaires, apprendre à vivre ensemble, créer les conditions favorables à la réussite scolaire de chaque élève » Chevet (2001). Bertille Chevet a observé par exemple une enfant stigmatisée d'élève agressive qui « lors des ateliers ludothèque était très sociable, motivée par les jeux, et gérait calmement les rapports de force pendant les parties ». « L'atelier ludothèque a eu pour objectif de favoriser principalement trois types d'apprentissages : le traitement des problèmes, la maîtrise de la numération et celle des techniques opératoires ». «

Jouer correspond pour l'enfant à un apprentissage des règles de la vie sociale, des rapports des hommes, libres et égaux entre eux. D'autre part, le temps du jeu comporte un début, une fin et, entre les deux, il offre une progression, organisée par la règle, comme dans la vie, qui est organisée par la loi sociale. Que ce soit avec un jeu de société ou un jouet, l'enfant appréhende par-là la loi. Il joue avec des règles » Chevet (2001).

La construction d'espaces jeunes ou de maisons de la jeunesse.

L'usage des médias

Avec par exemple des campagnes de sensibilisation sur le thème : « C'était ton ami-e » basées sur des épisodes tragiques de la violence scolaire.

L'usage des nouvelles technologies

Mener des expériences d'interaction entre les jeunes et les autorités via une reconsidération de l'usage du téléphone portable. On pense à l'envoi de SMS de sensibilisation, des tweets ou des postes Facebook, à l'appel de quelques échantillons des jeunes sur une période définie pour parler des questions de violence. Ce projet peut être porté par les autorités municipales ou des associations consacrées. On peut aussi penser à la mise à disposition à l'endroit des jeunes d'un numéro vert pour ceux qui éprouveraient le besoin de parler à quelqu'un et de voir dans quelle mesure encadrer la confidentialité du contenu des échanges dans le cadre de ce dispositif.

Ouverture de fab labs

La formation citoyenne

Les emplois civiques pour jeunes.

Le recours à l'ibogaïne

Quel usage peut-on faire de l'ibogaïne dans le traitement de l'addiction contre les drogues au Gabon ? En Hollande, aux Etats-Unis, en Israël et même au Gabon avec le professeur Gassita, de nombreuses recherches s'intéressent à l'usage thérapeutique de l'ibogaïne. En Hollande, Simon G. Sheppard, « pense que [ses] effets sont intéressants dans le cadre de la prise en charge médicale du sevrage des opiacés, et que son utilisation facilite le travail psychothérapeutique lors du sevrage ». Sueur (2017). « Sur le plan neurobiologique, l'ibogaïne bloque la stimulation de la dopamine mésolimbique et striatale, induite entre autres par la morphine et la cocaïne ». En d'autres termes, l'ibogaïne bloque le système neurotransmetteur de récompense et coupe l'envie de se droguer.

Références :

Isabelle Laffont, « Le TDAH chez l'adulte et ses comorbidités. Discussion à partir d'un cas clinique d'addiction au Tramadol », Psychotropes 2015/4 (Vol. 21), p. 27-40.

Spreux-Varoquaux O. Le syndrome ou toxidrome sérotoninergique : étiologies, signes cliniques centraux et périphériques. L'Information psychiatrique 2013.

Christian Sueur, La recherche sur les capacités thérapeutiques des « substances hallucinogènes » , Chimères 2017/1 (N° 91), p. 120-138.

Marion Laval-Jeantet, « Approche thérapeutique de la prise d'iboga dans l'initiation au Bwiti vécue par les Occidentaux », Psychotropes 2004/3 (Vol. 10), p. 51-69.

François-Rodolphe Ingold, « Les usages festifs des stimulants par les adolescents », Enfances & Psy 2001/2 (no 14), p. 132-136.

Véronique Le Goaziou, « Délinquance juvénile et politiques de prévention : les défis de la prévention spécialisée », Journal du droit des jeunes 2014/3 (N° 333), p. 24-27.

Entretien avec Geneviève Fioraso, par Jean-Luc Cacciali« Quelques éléments de réponse aux questions sur la jeunesse », La revue lacanienne 2017/1 (N° 18), p. 202-215.

Maurice Lever, Sur le projet de « Très Grande Bibliothèque » , Le Débat 1989/3 (n° 55), p. 181-183.

Éric Gallibour, Yves Raibaud« Les cadres de l'animation sont-ils des cadres comme les autres ? », Agora débats/jeunesses 2008/2 (N° 48), p. 62-74.

Laurette Detry, Viviane Belhassen« Éducateurs de jeunes enfants. Un métier à l'épreuve vivante des liens », Enfances & Psy 2001/3 (no 15), p. 146-151.

Bertille Chevet, « Une ludothèque à l'école », Enfances & Psy 2001/3 (no 15), p. 72-75.

Christian Bourion, Sybil Persson« La transmission intergénérationnelle des talents par le mentoring épistolaire. Implantation au sein d'une école de management », Revue internationale de psychosociologie 2011/41 (Vol. XVII), p. 303-317.

Wikipedia : Tramadol

François Resplandy, Les antalgiques, Doctissimo.fr.

Au Gabon la nouvelle drogue « kobolo » fait des ravages dans la jeunesse.

Sondage Gallup sur les pays les plus dangereux du monde.

La défense civile non-violente

La défense civile est un complément à la défense militaire contre l'hostilité d'un ennemi souhaitant envahir un pays. C'est une stratégie de redondance qui organise le peuple en vue de la défense du pays si les lignes militaires cèdent aux assauts d'une force étrangère. Au même titre que la défense militaire, la défense civile est un instrument de dissuasion et la marque de la cohésion d'un pays. Qu'en est-il lorsque l'armée a pour ennemi désigné le peuple dont elle sert de rempart ? Cette configuration se voit de plus en plus dans de nombreux pays notamment africains où l'armée semble-t-il n'a plus que pour seule prérogative la protection d'un seul individu ainsi que ses intérêts n'hésitant pas à tirer sur le peuple juste pour voir perdurer le système organisé pour pérenniser l'hégémonie du *seul*.

La vocation de l'armée

Il paraît déraisonnable de risquer la disparition d'un peuple juste pour soutenir, nourrir et entretenir les caprices d'un homme ou d'une famille. Soit l'on parvient à un équilibre des forces, soit l'on accède à la pleine conscience qu'un peuple pour être fort se doit d'être solidaire, qu'une armée pour être forte se doit d'être compacte avec son peuple. Une armée non solidaire à son peuple est bien suicidaire. Une armée a pour vocation la défense de la société civile. « La fonction assignée à l'institution militaire est de protéger la société civile, comme un rempart protège une ville ». La grande question demeure celle d'éveiller l'armée à la pleine conscience qu'il lui incombe de protéger le peuple. Un pays doit pouvoir survivre et se perpétuer au-delà des individus qui menacent la survie du groupe. Il demeure plus que stratégique, sage, judicieux d'ôter ce qui ronge et gangrène la société plutôt que de se faire ses vassaux. Le groupe d'abord. Le pays d'abord. Les individus passent et ne peuvent en aucun cas être la raison d'existence d'une nation. Autrement dit un peuple ne peut pas vivre pour un individu et un individu ne peut pas avoir pour droit la volonté de décider l'extinction de tout un peuple. C'est pourquoi il faut penser plus que jamais l'harmonie du groupe et ne pas hésiter d'user des prérogatives militaires pour préserver l'ordre et favoriser le bien-être du groupe. Cela passe par le refus d'obéir à des ordres injustes notamment ceux-là qui demandent aux héros de la nation de se porter en bourreaux du peuple.

Le choix du peuple

Face au jeu démocratique, l'armée doit savoir neutralité garder et se mettre au service des institutions civiles conformément au choix du peuple.

Chaque année qui passe, et notamment celles marquées par des confrontations politiques d'ordre électoral, on s'inquiète de voir les événements se dérégler d'une crise politique vers une crise militaire. On ne peut contenir longtemps le déferlement, la libéralisation de la violence qui ne manquera pas d'être effective dans sa radicalité si l'on n'use pas de responsabilité.   On observe que chaque élection présidentielle donne lieu à des conflits majeurs par le simple fait que les institutions sont mises au service de l'injustice. Or l'injustice est la mère de toutes les violences en ce qu'elle prive l'homme de sa dignité et de sa liberté. Le peuple vote. On tire sur lui parce que l'on refuse de se plier au respect du droit, ce droit qui donne au peuple force et pouvoir de consentir librement au choix de qui il veut pour leader.

Le risque majeur

De plus en plus, la répression s'endurcit. Et de l'autre le peuple s'aguerrit et acquiert un esprit de défense qui l'amène à lutter contre quiconque voudrait porter atteinte à ses droits fondamentaux. Le scénario est tel que chacun peut rester sourd à chacun. Les détenteurs de la force peuvent continuer à tirer sur le peuple et à s'imposer par la force. De l'autre, cette attitude forge le mental du peuple et le pousse vers le seuil de résistance, c'est-à-dire vers ce seuil psychologique où les hommes deviennent tétanisés à la souffrance et réagissent de manière imprévisible. Un peu à la manière de cet enfant dont on a pris le malin plaisir de frapper. Un jour, alors que l'on s'acharne à le frapper de nouveau, il jette un regard de défi à qui le frappe, devenu insensible aux coups qu'il reçoit et surtout désormais devenu très impoli. Méconnaissable et irrévérencieux. On risque d'entrer dans une configuration des choses où tout devient possible du point de vue bestial. Or l'on peut éviter cette bestialité. Personne n'a intérêt à favoriser des situations qui poussent à la guerre qui pourra s'ensuivre tôt ou tard si la raison et l'intérêt commun ne prévalent pas sur les égocentrismes. Il va de soi qu'il demeure important de résoudre les conflits. Ils se résolvent en ne les alimentant plus du carburant qui les font mouvoir. Si l'origine du conflit dépend de causes électorales, il est responsable de laisser le jeu électoral se faire sans intervention d'aucune sorte venant entacher le processus électoral. Au terme de celui-ci, laisser s'épanouir dans son effectivité le transfert du pouvoir à celui que le peuple aura porté légitimement aux rênes. Cela ne sert à rien de tuer à chaque élection présidentielle le peuple, de demander par la suite un dialogue qui aboutira à une modification constitutionnelle visant à renforcer les pouvoirs de la cause du mal. La résolution du conflit consistera à laisser se jouer le jeu démocratique et à permettre à tous de vivre dans le type de société qu'ils auront choisi avec les leaders qu'ils engagent à porter la destinée commune.

La défense civile

En l'absence de neutralité de ses institutions face au problème de l'injustice, le peuple n'a d'autre choix que de se défendre et de déployer une défense civile. Car « la défense est l'une des fonctions vitales de toute société ». Face à l'asymétrie des forces, la défense civile puisera son efficacité dans une attitude de lutte non-violente. La non-violence ici est une méthode politique destinée à résoudre des problèmes politiques. La stratégie qu'elle déploie vise à mettre en œuvre une force de contrainte qui oblige l'adversaire à renoncer à toute tentative d'agression ou de domination. La défense civile non violente lutte contre l'injustice. Elle est une posture de résistance civile qui planifie et met en œuvre des actions collectives de non-collaboration. L'axe central d'une stratégie de résistance non-violente est l'organisation du refus de la collaboration. L'objectif est la société civile, le contrôle des institutions de la société civile et l'exercice du contrôle effectif sur elles. « La défense civile non-violente vise à préparer les opérations de résistance civile ».

La dissuasion civile non-violente

La résistance civile vise la dissuasion. « Comme toute politique de défense, la défense civile non-violente doit avoir pour finalité première de dissuader un adversaire potentiel d'engager les hostilités, c'est-à-dire de le convaincre que les coûts de son agression seront supérieurs aux gains qu'il pourrait en espérer » (Mellon, Muller et Sémelin, 1985). Plus l'oppression se fera criarde, plus le peuple réagira par une opposition obstinée de non-collaboration, plus les coûts de l'oppression en matière idéologique, politique, diplomatique, sociale et économique seront élevés. L'on s'attend à ce que l'oppresseur face preuve de rationalité et aie la grandeur de s'effacer pour le bien de tous. Sinon, que l'armée prenne pour cause la raison du peuple.

Référence

Christian Mellon, Jean-Marie Muller, Jacques Sémelin, 1985, *La dissuasion civile : principes et méthodes de la résistance non-violente.*

Théorie de la résistance

La résistance intérieure augmente lorsque les populations sont conscientes que personne ne viendra à leur secours. Dans un de ses articles, "Le totalitarisme à l'épreuve de la résistance civile", Jacques Sémelin (1993) entreprend une indispensable réflexion sur la résistance au totalitarisme. La résistance civile est un mode d'opposition collective pacifique visant à précipiter la chute des régimes totalitaires. C'est une révolution énigmatique qui ne fait pas couler de sang si ce n'est dans quelques cas exceptionnels. La sortie du communisme par exemple promettait de terribles affrontements, elle s'est faite dans la paix civile. Dans son analyse rétrospective des procédés de résistance contre les régimes dits totalitaires, Jacques Sémelin définit la résistance civile comme étant la résistance de la société civile (ou de l'État) par des moyens politiques, juridiques, économiques ou culturels. Les politiques, les juristes, les hommes d'affaires, les artistes, les intellectuels, les sportifs, etc... se mettent au service de la libération de leur pays contre le régime d'oppression. Par résistance civile, on désigne exclusivement les modes d'opposition non armée. C'est donc une résistance pacifique par opposition à la résistance militaire ou armée. Dans le cadre de la résistance civile, les militaires peuvent pratiquer la résistance dès lors qu'ils renoncent à faire usage de leurs armes. La résistance civile est la résistance des citoyens. C'est un engagement en faveur de la communauté pour l'avènement ou la restauration de la démocratie. C'est la lutte pour l'intérêt général. Le contraire de la résistance est la passivité ou l'indifférence sinon la collaboration. Dans ce qui suit, nous allons parler de quelques procédés de mobilisation collective, de stratégie et de la maturation de la conscience résistante. Outre les manifestations de foules immenses, les grèves, etc... En guise de procédés de mobilisation collective, nous citerons ici la presse et le recours au symbole. La presse joue un rôle déterminant dans la construction de l'idéologie du refus. Elle est de même le moyen d'expression d'une opposition plurielle (qui s'accepte dans sa différence et ses voix multiples). La presse, souvent clandestine, est le vecteur de construction (d'éducation) de l'opposition. Le recours au symbole (logo, chant, couleur, drapeau, figure fédératrice, événement marquant, monument...) est le signe de la non abdication de l'esprit face à l'oppression. Il permet d'échapper spirituellement à la répression. Car ce qui fait un peuple, c'est son âme. C'est son identité. C'est son indépendance. C'est son esprit. C'est pourquoi tout régime d'oppression tend à effacer la mémoire. À falsifier l'histoire. Et à déposséder les peuples de leurs âmes. Toute résistance a ainsi besoin d'une connexion réelle. Le signe de ralliement joue ce rôle. Le symbole est le refus du formatage collectif dans le sens voulu par l'oppression. C'est pour ainsi dire le refus de la zombification. En matière de stratégie, le recentrage. Vu les enjeux géostratégiques et géopolitiques, les peuples ont intérêts à ne compter que sur eux-mêmes. Comme le souligne Jacques Sémelin, ce que comprirent les peuples de l'Europe de l'Est dans leur mouvement de libération, c'est qu'ils ne pouvaient à un moment donné, plus rien attendre de l'occident du fait de la partition stratégique du continent européen entre Est et Ouest. Ils ne devaient compter que sur eux-mêmes et ce recentrage sur leurs propres ressources fut pour eux une manière de s'ouvrir davantage à la pratique de la résistance civile. Autrement dit, la résistance intérieure augmente lorsque les populations sont conscientes que personne ne viendra à leur secours et que seuls leur détermination, leur inflexibilité ou encore leur instinct de survie viendront à bout de la déshumanisation. Le recentrage implique la connaissance exacte du combat et la pleine conscience de ce que l'on veut ainsi que du lieu du combat. Le combat se déroule là où sévit l'oppression. Cet aspect est incontournable. Même si des échos extérieurs semblent impliqués dans le combat. Mais la résistance civile nécessite le recentrage. La montée en puissance de la résistance civile se fait par à-coups. Elle alterne avec de longues phases de passivité et de résignation populaire. Et se relance à la faveur d'un élément déclencheur imprévisible, non déterminé. Mais elle est cependant le fruit d'une longue maturation. Au cœur de celle-ci, il y a par exemple, la naissance de groupes d'opposition, le renforcement des contacts et de la synergie entre l'ensemble des parties impliquées dans la résistance, la perte de légitimité du régime, l'incapacité du système à résoudre les problèmes économiques de plus en plus graves, le fait de sous-estimer ou de mépriser la capacité du peuple à renverser le système, l'usage démesuré par le système de la force et de l'arbitraire, la propagation de la volonté de résistance. Au cœur de la maturation de la volonté de résistance, il y a le changement des mentalités et surtout le changement dans la manière de lutter. Ce changement implique de refuser le plus possible de collaborer avec le système et pratiquer la désobéissance civile. Développer des liens entre les différents groupes sociaux, ne pas tirer sur ses amis et se recentrer, c'est-à-dire ne pas tirer dans tous les sens même sur ses alliés et sur son propre pied. Le régime qui opprime ne perdure que grâce à la collaboration active du peuple. La rupture de cette collaboration précipite le système. Ici, l'opposition morale, artistique et littéraire est d'une grande importance. Car elle contribue à l'éducation des masses. Elle est ce qu'on appelle l'opposition symbolique et souterraine. Elle est le soutien non déclaré de la dissidence déclarée. La face submergée de l'iceberg au côté de la résistance silencieuse. Pour finir, le système de communication est l'une des clés du succès des mouvements de libération. À travers la résistance civile, il s'agit de vivre le plus possible en marge du système de façon à conquérir des espaces d'autonomie de plus en plus large. Cette logique pousse à l'émergence d'une deuxième société, d'une société civile dite indépendante qui s'organise, qui organise son agriculture, qui organise son réseau d'éducation, de l'école à l'université. Le but s'atteint en chemin. La société nouvelle se conçoit et se consolide durant la lutte. "Il n'y a qu'un grand génie qui puisse sauver un prince qui entreprend de soulager ses sujets après une oppression longue. Le mal qu'on souffrait patiemment comme inévitable semble insupportable dès qu'on conçoit l'idée de s'y soustraire" (Tocqueville).

Construire l'identité gabonaise

La conception de l'identité envisagée ici amène à penser le Gabonais comme faisant partie d'un ensemble commun dans lequel chaque membre s'identifie à l'autre et fait corps avec les autres. La recherche de l'identité vise une identification nationale. Cela pousse les ressortissants de chaque province à s'identifier aux ressortissants de toutes les autres provinces de telle sorte que la cause de chaque province devienne la cause de toutes. Cette identification se laisse structurer par la pensée du *Gabon d'abord*. Dire Gabon d'abord ne signifie pas le Gabon à l'exclusion des autres nations. Dire cela montre qu'à l'échelle nationale, le Gabon est l'horizon d'identification, d'orientation et d'action de tous les Gabonais. Le Gabon est une somme de multiculturalité dont les habitants à l'exception des pygmées viennent de pays divers : du Congo, du Cameroun, du Sénégal, de Sierra-Leone, du Libéria… La langue Mpongwè met étonnamment un pont entre les habitants du Gabon et les habitants du Kenya de sorte qu'un Mpongwé n'est presque pas étranger au Kenya de par son idiome. Le Gabon est donc la somme des populations qui ont immigré au cours de l'histoire et qui sont venues s'installer là où, du fait de l'immigration, de l'abolition de l'esclavage ou de la colonisation, elles ont été conviées à vivre. Le premier maire de Libreville, Mountier, est un Congolais, un

Loango pour être exact. Les premiers habitants de Libreville sont des Congolais, des Loango pour être exact. A l'époque, le Gabon était composé du Cap Estérias, de Quaben, de Louis, du Fort d'Aumale (Sainte-Marie), de Libreville (Présidence actuelle), de Glass, de Baraka, de Lalala, d'Oloumi, de Pointe Denis et des contrées riveraines de l'Estuaire du Komo. Puis le Gabon s'est agrandi avec la prise en considération des peuples de la forêt pour donner la configuration actuelle. Au fondement, le Gabon c'est l'Arongo, l'Estuaire, le Komo, qui a reçu du fait de sa forme en sandwich le nom de *Rio de Gabaon* de la part des portugais en 1472. A l'époque, le Gabon (l'Estuaire du Gabon) appartient au vaste territoire de Pungu (Pongo) qui longe la côte ouest de l'Afrique de la rivière Kamerun jusqu'à l'entrée de Loango en passant par Setté-Cama. Puis il s'est agrandi en prenant progressivement en compte les peuples de la forêt. On note l'arrivée au milieu du dix-neuvième siècle du peuple fang venu du Cameroun. Au début du vingtième siècle, les Haoussa s'installent au Gabon. De 1882 à 1906, le Gabon et le Congo Brazzaville forment un même pays avec pour capitale Libreville jusqu'en 1904. Dans les années trente, Pointe-Noire est rétrocédé au Congo. En 1946, le Haut-Ogooué est rattaché au Gabon. Le Gabon est un ancien État de l'AEF jusqu'à son indépendance en 1960. C'est dire que le Gabon à travers les circonstances particulières de son histoire s'est forgé une singularité permettant de concevoir l'unicité de son peuple multiethnique.

Comment alors construire une identité lorsque nous sommes un ensemble d'altérités multiculturelles voire transnationales ? Les peuples du Dahomey qui vivent au Gabon depuis les années 1950, veulent désormais être considérés comme des Gabonais à part entière. La construction de l'identité signifie le besoin de forger un projet commun dans lequel le Gabonais sera celui qui s'identifie au Gabon et qui adhère au projet de vie commune en faisant sien les intérêts du Gabon. Cela signifie construire une identité qui permette à des hommes d'origines diverses de vivre ensemble, de regarder ensemble vers l'avenir, chacun avec ses particularités donc avec notre diversité… une identité dans la diversité pour bâtir l'édifice commun auquel tous nous rêvons. Comment bâtir une identité lorsque le Gabonais n'est plus celui-là qui parle punu, gisir, téké ou fang et que les étrangers sont ceux-là qui parlent punu, gisir, téké ou fang de sorte que lorsque les Gabonais désirent confectionner ou renouveler leurs papiers, on le leur refuse du fait qu'ils ne parlent plus leurs langues ? Parce que, on ne sait pourquoi, pour valider leur identité, on leur fait passer le test de la langue : « Si tu es Gabonais, parle un peu ta langue ». Or désormais, pour n'avoir pas pensé politiquement à une langue *garde-fou*, les Gabonais qui naissent et grandissent désormais, à défaut du *bangando* (créol, mixte de langues) n'ont plus que le français pour medium. Avec le *bangando*, peut-être assistons-nous à l'invention d'une langue, à la génération spontanée de ce qui aurait dû se faire depuis 1960 si les Gabonais ne cherchaient pas une langue qui insulte. En effet, une des raisons qui expliquent pourquoi les Gabonais n'ont pas de langue officielle nationale c'est le fait qu'ils n'ont pas trouvé celle-là que ne comprennent pas les Congolais, les Camerounais où les Guinéens permettant de les injurier au cas où. Et pourtant, il y a le mitsogho parlé qu'au Gabon et par presque tous les Gabonais dans un certain sens (les adeptes du bwiti). On aurait pu choisir cette langue pour sa particularité ou le fang ou le punu ou le téké ou le nzébi pour le nombre de locuteurs de ces langues qui fédèrent plusieurs États. Et le Mpongwé ? Et dire qu'au dix-neuvième siècle, l'on enseignait les Gabonais dans cette langue pour leur apprendre les fondamentaux… Les dictionnaires et les livres avaient été déjà confectionnés pour permettre au Gabonais de lire et d'écrire dans cette langue qui ressemble au swahili justement dans le but de faire le pont avec les populations d'Afrique de l'Est. Il y avait même des professeurs de Mpongwé. On pense à l'Africain-Américain Josiah Dorsey venu du Libéria qui parlait de manière experte le Mpongwé et qui l'a enseigné à Nomba jusqu'en 1855 dans le cadre de l'école de Baraka. Pour finir, les langues des autochtones, les langues pygmées peuvent elles aussi être mises en lice. Parce que le pygmée est le premier des Gabonais si l'on s'accorde sur l'occupation première du sol. On pense ici à la marginalisation du pygmée par le bantou qui devra comprendre qu'il n'est pas un être supérieur et qu'il devra traiter d'égal à égal avec les *peuples de la forêt*. Parce que lorsqu'on pense Gabon on pense maladroitement Bantous. Comment prendre alors en compte cette donnée nouvelle ? Les Gabonais qui ne parlent que français sont-ils moins Gabonais ou pas du tout Gabonais ? Autant de raisons de penser et de construire ce qui définit l'étant gabonais pour un meilleur être au monde et un meilleur agir pour le Gabon. Car la nécessité d'identifier une identité va de pair avec une volonté de l'action, de l'agir ensemble pour une construction rêvée du Gabon pour le bonheur des Gabonais. Être ensemble pour vivre heureux. Aussi, l'identité telle que nous l'envisageons ici se confond avec une vision multiculturelle rendant compte de notre lien à la nation nullement nationaliste ou xénophobe. Juste la volonté de se définir, de comprendre notre être au monde et forger les conditions de notre être meilleur et de notre bonheur ensemble dans la diversité culturelle qui nous identifie. De ce point de vue, l'identité est ce qui nous fonde, nous constitue et nous justifie. Comme les abeilles dont la finalité est de produire le miel et de l'épargner, l'identité ici est la raison d'être du peuple gabonais ou ce qui fonde et oriente le pourquoi être Gabonais. Résumons-le au slogan : Gabon d'abord. L'intérêt du Gabon d'abord.

Le front littéraire

L'écrivain gabonais... Il est un homme épris de justice et de paix. De paix véritable, authentique et non un état de lobotomie zombifiant le peuple gabonais et que l'on appellerait la paix. L'écrivain est un homme du peuple. Ce que peuple veut, l'écrivain le veut. Il l'exprime, il en parle, il met sa plume au service de l'intérêt supérieur de la société à laquelle il appartient. Son écriture est un usage des mots organisés en vue de révéler les maux de la société à laquelle il appartient. Il peut pratiquer l'art pour l'art. Mais dans des situations extrêmes où la nation a besoin de tous ses enfants, il ne peut rester à l'écart de l'histoire au nom d'une neutralité esthétique. Dans ces conditions, l'esthétique se double de ses fonctions éthique et balsamique. D'une part l'écrivain se fait solidaire des aspirations de son peuple. De l'autre il écrit pour apaiser la douleur de son peuple, le réconforter, le consoler, panser ses blessures morales. Ensuite l'écrivain fait appelle au langage, aux mots pour dénoncer l'injustice et agir en faveur de la justice. L'écrivain est éthiquement engagé. Il met l'esthétique au service de l'éthique. Enfin l'écrivain sollicite la fonction d'évasion littéraire pour émanciper son peuple, le faire entrevoir un horizon nouveau et meilleur pour lequel son action présente aura sa justification future. C'est pendant les moments de douleur que chacun sait avec qui il forme une communauté réelle et authentique. En cela écrire est toujours déjà une résistance. Écrire c'est résister. C'est réagir face à l'oppression et les abus de toutes sortes. L'écriture est la résistance. Dans cette réaction qui engage le peuple gabonais, les écrivains ont à s'engager d'intelligence dans un front dit littéraire : le front littéraire. Le front littéraire se veut un mouvement littéraire à l'instar du mouvement de la négritude, le pleurer-rire ou autre. Il invite les écrivains gabonais à jouer leur rôle d'éclaireurs, d'émancipateurs et de solidarité avec le peuple. Il se caractérise dans les œuvres par le récit des tensions de la société gabonaise actuelle. Pour le témoignage. Pour la mémoire. Pour l'invention d'une société nouvelle. Pour la résistance. Que les plumes reflètent l'époque et inventent l'art par la situation et que la situation invente l'art. L'écrivain est un être en situation. Il appartient à son époque. Ses mots sont des pistolets chargés. Les mots : des baumes qui ne tueront jamais personne. Mais apaisent et sortent de l'inconscience, de la minorité, voire même de l'envoûtement. En cela écrire c'est dévoiler. C'est ôter le voile qui maintient en captivité les esprits et empêche de vivre heureux. De vivre la félicité.

9 798584 509644